JN150922

大阪環状線　降りて歩いて　飲んでみる

スズキナオ

はじめに

この本にもとになった文章は「大阪環状線をスズキナオが降りて歩いて飲んでみる」というタイトルのWEB連載用に書いたものだ。2023年3月にスタートして、ほぼ月に一回のペースで、JR大阪環状線にある全19駅を一駅ずつめぐっていった。駅周辺の雰囲気を探りながら歩き、どこで休憩したり、休憩どころじゃなく腰を据えてお酒を飲んだりして、その模様をレポートするという主旨の連載だった。

不動産情報サイト「LIFULL HOME'S」(ライフルホームズ)内の町情報コーナー「LIFE LIST」に掲載されていたもので、たとえばこれから大阪環状線の駅の近くに物件を探そうかという人に、その街の雰囲気や魅力が少し伝われば目的達成という、そういうところを目指していた。目指してはいたが、実際、読んでいただくとわかる通り、私はただただ気ままに散策し、お酒を飲み、最後はほろ酔いで帰路につくというのを繰り返しているばかりである。

よく歩く近所の街のことですら知り尽くすことなどできないのだから、一度だけ駅で降りて周りを歩いたからといって、その街のことが深く分かるわけはない。歩けば歩くほど、知らないことのあまりの多さに気づかされるだけだ。ただそれでも、こうして各駅周辺を取材する機会をもらったことで、自分の中の大阪の像がどんどん更新されていくようなおもしろさがあった。行く先々で街のお話を聞かせてくださった優しい方々と、いつも気ままな取材に同行してくれた松村貴樹さん、素敵な本に仕上げてくださったデザイナーの仲村健太郎さん、読み切りマンガを描いてくださったスケラッコさんに、一気にここでお礼を言いたい。

これから読んで下さる方に、大阪の街を歩く楽しさが伝わったらうれしい。では、今日はどの駅で降りてみましょうか！

大阪環状線 降りて歩いて飲んでみる

スズキナオ

目次

野田駅編

市場まで歩いて10円のジュースを買って酒場で粕汁を飲む

活気あふれる商店街と市場が近くにある住宅街・野田

JR野田駅で降りるといつも少しだけ落ち着いた気持ちになる。隣の福島駅のように多くの飲食店がひしめいている駅前も、それはそれで賑やかで楽しいが、野田駅周辺はもう少し静かな雰囲気で、そのかわり、人の暮らしを身近に感じられるようなところがある。

近年、高架下が大きくリニューアルしたようで、今も一部で耐震のための工事が続いているのを眺めつつ、まずは大阪市中央卸売市場の方へと歩いてみることに。駅の南側の通りを越えて細い路地へ入ると、すぐに住宅街が広がる。

そのエリアの一角に「浪花屋菓子舗」という和菓子店を見つけた。創業は明治45年、110年以上の歴史を持つ老舗で、現在の店主が3代目になるのだとか。一番人気の「思い出もなか」は、戦後まもなく、この店のもなかが「思い出の味」としてラジオで紹介されたことにちなんだものだそう。十勝小豆で作られた自家製の粒あんの、少し控えめな甘味がいい。

「昔はここも商店街でお店がたくさんあったんです」と語ってくれたご主人のお話を思い返しながら、住宅エリアをさらに進んで行く。急に道が広くなったと思うと、大阪市中央卸売市場の大きな敷地が見えてきた。一般向けに小売りをしている市場ではないが、敷地内にある飲食店は一般客でも利用できる。取材時はすでに夕方近く、残念ながら営業している店舗は見当たらなかったが、昼時には行列ができるお店も多いと聞く。必ずまた来ようと誓いながら食堂の軒先を眺めて歩く。

10円ドリンクを買ってアーケードの商店街へ

大阪市中央卸売市場の近くにある激安自販機は、知る人ぞ知る野田名物である。鶏卵や冷凍食品を売る業者が賞味期限の近い飲料を買い取り、破格で売っている。最も安い商品はなんと10円。ただし、自販機の表に商品サンプルが並んでおらず、何が出てくるは買うまでわからないシステムだ。「10円でできるくじ引き」と考えれば楽しくもある。

10円で買った、初めて見るドリンクの斬新な風味に驚きながら、再びJR野田駅方面へ引き返す。そしてそのまま、駅の南側から阪神電車の野田駅方面へと延びる野田新橋筋商店街へ。年季を感じるアーケードの下に個人店が立ち並び、人の往来もあって賑やかな商店街である。

ランチタイムには、店内で飲食ができて湯葉丼が名物だという豆腐店「湯葉と豆腐の匠 豆房」で風味の濃厚な豆乳を買って飲んだり、〝地獄谷〟の異名をとる路地裏の飲み屋街をのぞいたり、多数の買い物客が集まる人気の食料品店「八百鮮」の店頭を眺めたりと、目的のない散策が楽しい。「もし野田に住んだら毎日この商店街を歩くんだろう」と、今とは違う暮らしを思い浮かべたりした。

18時になるとメニューが変わる大衆酒場「お多福」を満喫

あちこち歩き回って気が済んだところで、商店街から路地に折れてすぐの場所にある大衆酒場「お多福」に入ることに。創業77年になるというコの字カウンターの老舗だ。

「酢ゴボウ」や「だし巻き」をつまみながらグラスに注いだビールを飲むと、ふーっと気持ちが緩み、店内の空気が改めて心地よく感じられる。

このお店、開店の12時から18時までは2代目のお母さんが切り盛りしているが、18時以降は3代目の息子さんが厨房に立つ。そしてその〝息子さんタイム〟になると、メニューが一気に増えるのが特徴なのだ。割烹で修行をしてきたという息子さんゆえ、メニューは多彩でどれも手が込んでいる。それでいて価格はあくまで庶民的。それもあって、18時以降は20代、30代のとりわけ女性客に人気らしい。

※現在は3代目の息子さんお一人で切り盛りしているそう

お店のお母さんに野田の町の印象について聞くと、「住みやすいですよ。静かで、ちょっと田舎なんです（笑）」とのこと。「商店街は活気があるし、マンションも建って、若い人も増えてるみたいですよ」と。たしかに、梅田にも福島にも近く、JRと阪神と地下鉄の駅が乗り入れる野田、人気が出ないわけがないよなと思う。

「ああ、こんな酒場が近所にあったら」と、いい店に来るといつも思ってしまうことを今日も強く感じつつ、〝息子さんタイム〟まで居てすっかり堪能させてもらう。「鯛飯の焼きおにぎり」と「粕汁」の組み合わせは特に極上だった。

お会計を済ませて外へ出る。ほろ酔い気分で、「もう一軒だけ」と次の店を探しながらゆっくりと歩く野田は、駅に降り立った時よりも一段と身近に感じられた。

取材を振り返って

シリーズ第一回の取材ということもあって、はたしてうまく行くのだろうかと少し緊張したことを覚えている。行き当たりばったりで歩きながら、できればこの街で生活する方に街のことを聞かせて欲しいと、だいぶ図々しいことを考えていたのだが、「浪花屋菓子舗」の店主や「お多福」のお母さんに話を聞かせていただくことができ、ホッとした。こんな風に、いつも優しい方に出会ってなんとかなってきたのがこの連載なのである。本文に書いた通り、「お多福」のお母さんは引退され、今は息子さんが一人でお店に立っている。また、原稿には書けなかったが、おでんの美味しい「上田温酒場」や日本酒の美味しいバー「千喜千輝」など名店が数多くあり、散策が楽しいエリアだ。

新今宮駅編

通天閣のふもとを歩き
シーシャを吸って
屋台でハイボールを飲む

大阪随一の観光スポット・通天閣の最寄り駅

道頓堀の「グリコ看板」や万博記念公園の「太陽の塔」など、大阪の観光スポットの象徴になっているような場所はいくつかあるが、「通天閣」もその一つだろう。

通天閣はもともと、大阪にかつてあった「新世界ルナパーク」という遊園地のシンボルタワーとして1912年に建てられた。その塔が火災と戦争によって失われ、1956年に再建されたのが今も残っているタワーである。あれは2代目の通天閣なのだ。

塔の高さは地上108メートル。「東京スカイツリー」や「東京タワー」と比べれば低いものだが、ちょっとカクカクとしたフォルムが歴史を感じさせ、そこがむしろ愛されているように思える。

通天閣のふもとは「新世界」と呼ばれるエリアで、かつては大阪の下町的風景が色濃く残っていた。今はその雰囲気を楽しみに来る人たちで賑わう観光地となり、人の流れの変化に合わせるように、新しいお店も増えてきている。

週末の昼下がり、JR新今宮駅を降りて通天閣に向かって歩いていくと、海外からの観光客の姿も多く、かなりの混雑ぶりだった。通天閣をバックに記念撮影をしている人たちの楽しげな様子を眺めてしばらく歩き、「The PAX Hostel」のカフェでスパイシーなチャイを飲んで一休みする。

昔ながらの雰囲気が残る新世界市場を歩く

通天閣の周囲は観光を楽しむ人々で賑わっているが、そこからすぐの場所にあるアーケード街「新世界市場」へ足を踏み入れると、ガラッと空気が変わる。

この新世界市場、100年以上の歴史を持つと言われる古い商店街なのだが、店主の高齢化などで商売を辞めてしまうお店が多く、一時はいわゆるシャッター商店街に近い状態になっていた。しかし、そんな場を盛り上げようと大阪周辺のクリエイターたちが集まり、自由で自主的な祭り「セルフ祭」が2012年から始まったり、商店街のお店と力を合わせて制作したPRポスターが話題になったりと、新たな動きが少しずつ生まれてきた。

そういった動きの中心となってきたのが商店街の中にある「イマジネーションピカスペース」である。宮城県気仙沼市から移住してきた店主・くまがいはるきさんと仲間たちとで、2013年から今まで、居酒屋、カフェ、ハンバーガー店、ラーメン店など様々な業態を渡り歩きつつ運営されてきた。

2022年7月からは、スタッフである写真家の日下慶太さんとともに「写真とシーシャ」というテーマのもと、水タバコとも呼ばれる喫煙具「シーシャ」と約300冊もの写真集とをゆっくり楽しむスペースとして営業している。

シーシャのフレーバーは、個性的な作風を持つ写真家をイメージして調合されているそう。今回は、ドイツの写真家・ヴォルフガング・ティルマンスをイメージしたメニューを味わってみることにした。シーシャを体験したのはほぼ初めてだった私だが、爽やかな香りを味わいながら好きなドリンクを飲み、日下慶太さんが次々と勧めてくれる写真集を眺める時間は、日常から少し離れたような、ゆったりとした解放感に満ちていた。

土日祝日に現れる屋台には様々な人が集まってくる

新世界市場では、「イマジネーションピカスペース」が中心となり、2022年10月に「新世界市場 屋台プロジェクト」が始動した。まだまだ空き店舗が目立つこの商店街への新規参入を促すべく始まったもので、希望者が自由なスタイルで屋台のオーナーになれるという。

週末にのみ営業する屋台がほとんどだそうで、日時を限定したスタイルだからこそ、空き店舗で新しい商売を始めるよりも手軽に挑戦できるのが魅力だ。

屋台は現在4台あり、2023年の春までに8台に増える予定とのこと。すでに営業している屋台の一つ「スタンドらんらん」で一杯飲んでいくことにした。

看板メニューのハイボールは一杯200円という安さなのに、サイコロを振ってゾロ目が出たら無料になるというから驚く。「ここで屋台をやっていると本当にいろいろな人に出会えてめっちゃ楽しいんです。」と、ご自身もお酒が大好きだという店のママ・南端きいさんは言う。この新世界市場の雰囲気に惚れ込み、ご主人を説得して出店を決めたのだとか。

小さな屋台なのでその周りに5、6名が座るともう満席という感じだが、客同士で席を譲り合いながら気楽に飲める雰囲気が素晴らしい。アーケードがあるから雨の心配が不要なのもいい。冬場でも不思議と温かく感じるのは、この商店街のコンパクトな規模ゆえなのだろうか。

ほろ酔い気分の帰り道、同じ商店街で100年以上営業を続ける金物店「ミヤウラ」さんに立ち寄ると、屋台プロジェクトについて「この商店街に新しい人が来てくれるのがすごく嬉しいんです」とお店の方が語っていらっしゃった。新しい変化を柔軟に受け入れ、それが古くからあるものと共存しながら独特の景観を作っているのが、このエリアの何よりの魅力なのだなと感じた。

取材を振り返って

最後に登場する金物店「ミヤウラ」のレジのあたりに可愛いイラストの描かれたポストカードがあって、「これは誰の絵ですか？」と思わず尋ねた。それは永澤あられさんという方の絵で、新世界市場で定期的に開催されてきた「Wマーケット」という催しに似顔絵ブースを出していた人なのだという。ありがたいことにその永澤さんが作った本をいただき、嬉しい取材の帰り道となった。その後、本の内容に感動した私はご本人に連絡を取り、インタビューさせていただくことができた。コロナ禍に中止となった「Wマーケット」はその後、まだ開催されていないそうだが、永澤さんは新世界市場の雰囲気が大好きで、今でもたまに訪れるそうだ。永澤さんがこの商店街で出会った様々な人の思い出は『今日も市場の片すみで下手な似顔絵描いてます。』という本に鮮やかに描かれている。

おでん
大根
ちくわ
ひら天
ごぼう天
厚あげ
牛スジ
とりもも肉
豚バラ肉
ウインナー
たまご
一品
ウインナーいため
豚汁
トリスウヰスキー
明治牛乳
市場ラーメン

西九条駅編

川の下のトンネルを通って
本を買って
商店街の酒場で飲む

USJに行くための乗換駅……だけじゃない街

JR西九条駅のホームはJRゆめ咲線への乗り換え客でいつも賑わっている。湾岸エリアへ延びるゆめ咲線には、USJの最寄り駅であるユニバーサルシティ駅や、大型ライブハウス「Zepp Osaka Bayside」の最寄り駅である桜島駅があり、そこへ向かう人々が電車を乗り換えていくのだ。

その一方、西九条駅で下車して町を散策するという人はあまり多くないかもしれない。USJを楽しみに来た人が西九条駅近くの民泊に宿泊することはよくあるらしいが、だとしても、西九条の街歩きが旅の目的になっていることはあまりないのではないか。駅前にこそ飲食店が立ち並んでいるが、少し歩き出せば古い町工場や昔ながらの住宅地が広がる閑静なエリアになる。

しかし、私はこの西九条駅で降りて周辺を歩くことが多く（その理由は後述します）、それもあって、個人的にはすごく親しみを感じている。今回は、このエリアならではの魅力を個人的な好みを交えつつ紹介してみたいと思う。

西九条駅を降り、駅前の飲食店を眺めながら、まず向かうのは駅の南に位置する安治川隧道だ。「アジトン」の愛称でも呼ばれるこのトンネル、西九条駅のすぐ南側を流れる安治川という川の底を歩行者や自転車利用者が通行するために使われている、全国的にも珍しい施設だ。

西九条駅を降りてもし時間にたっぷり余裕があったら、1944年に開通し、戦災も免れて今も利用されているこの遺跡のようなトンネルを、まずはくぐっていただきたい。トンネルの向こうは、西区の九条という町だ。

九条にだって歩いて行けるのが西九条の良さ

西九条を紹介しようというのにいきなり川向うの九条に来てしまったが、私は普段から安治川トンネルを歩いてよくここまで足を延ばすのだ。九条には「キララ九条」という味わい深い商店街があったり、「シネ・ヌーヴォ」という単館系の映画館があったり、こちらはこちらで魅力的な町。ふらっと徒歩や自転車でふらっと九条に行き来できるのも西九条の好きなところだ。

今回は、2023年3月にオープンしたばかりの個人書店「MoMoBooks」をたずねてみる。トンネルをくぐり、九条側に出て徒歩6分ほどの路地裏にある素敵な店で、九条が大好きだという店主の松井良太さんが「この町で生計を立てていきたい」と始めたそう。

店舗は2階建てで、1階には松井さんがセレクトした新刊やZINEが並び、2階は期間限定のフェアを開催するスペースになっている。オープンしたばかりなので、スペースの活用法はこれからも随時考えていくとのこと。展示イベント、トークイベントもできそうな敷地に見えたので、今後も九条エリアを盛り上げていってくれるはず。

松井さん自身は西九条より九条の方をメインの生活圏にしているそうだが、「今後、西九条側から来るお客さんが増えたら嬉しいです」と語っていた。松井さんおすすめの、明治〜昭和期の奇抜な麺料理をテーマにした『幻の麺料理　再現100選』という本を購入し、これからもちょくちょく来ようと思いつつ、店を出る。

住宅街のあちこちに点在する気になるスポット

再び安治川トンネルをくぐって西九条側へ戻る。六軒屋橋を渡って少し歩くと、工場や住宅が並ぶ静かなエリアにたどり着く。この辺りは梅香という街。ちょっとのどかな裏通りを気持ちよく歩いていると、時折ふいに個性的なスポットに行き当たる。自費出版本の専門書店「シカク」もその一つだろう。実は(と、もったいぶることもないのだが)、私、スズキナオもこの「シカク」のスタッフとしてたまにお店を手伝っている。このお店での仕事がきっかけで西九条駅周辺をよく知るようになったのだ。

「シカク」のすぐそばには「千鳥温泉」という銭湯がある。店主の桂秀明さんは、もともとは銭湯好きのサラリーマンで、廃湯寸前だったこの銭湯を脱サラして引き継いだという人。地域の方から長らく愛されてきた銭湯であり、同時に、桂さんの仕掛ける様々なアイデアによって、梅香を盛り上げる中心地のようになりつつもある。

取材時はちょうど「WALL SHARE」という会社を運営する川添孝信さんプロ

デュースのもと、千鳥温泉の壁に広島出身のミューラルアーティストであるKAC（ケーシー）さんがグラフィティを描いているところだった。ちなみにその隣には、イギリス出身のダン・キッチナーさんの写実的なグラフィティが。銭湯の壁にこんなにカラフルなアートがあるというのはかなり珍しいことではないだろうか。

銭湯の壁を最新のグラフィティが彩るのもおもしろいじゃないかと考える桂さんは、千鳥温泉という場を使って何か企画を立てようとする人を積極的に応援したいそうで、これまでも銭湯の敷地内で演劇や音楽ライブが行われてきた。取材日は定休日だったので後日改めてお話を伺ったところ、「西九条の魅力は大阪環状線と阪神なんば線が通っているところと『トンネル横丁』があることです」とのことだった。トンネル横丁というのは駅前の年季の入った飲食店街で、その中の「グルメ居酒屋せぞん」（2023年2月に閉業）というお店が桂さんのお気に入りなのだとか。

「梅香地区は西九条駅周辺とはまた違って、昔ながらの家や店、人、ネコがいるのでとても居心地が良いエリアだと思います。阪神の千鳥橋駅も近いですし、さらに隣の伝法エリアまで足を延ばせば『お好み焼き福島』や『たこ焼きの甘栄堂』という老舗があるのも自慢したいです」と、この地への愛の深さが伝わるコメントをいただいた。西九条駅を起点に散歩してみると、歩けば歩いただけ、新しい発見があるような気がする。活気あふれる商店街がいくつもあり、その雰囲気を味わいつつ、気づけば春日出商店街までやってきた。

散策の締めに「小林商店直売所」で喉の渇きを潤すことに。ここは商店街沿いにある創業125年の酒屋「小林商店」が運営する酒場で、美味しいお酒を安心の価格で味わうことができる。豊富な日替わりメニューはどれも驚くほど安いのにひと手間かかっていて、こんな名店が街の中にポツンとあるのが奇跡のように思える。厳選された地酒をゆっくり味わいながら、このエリアの奥深さと居心地のよさを改めて感じた。

取材を振り返って

自分がよく知る西九条駅だっただけに、だいぶ範囲を広げて歩いてしまった。九条の「MoMoBooks」の2階はその後、トークイベントも開催されるスペースとなり、私もそこに出演させていただくことがあって、今もよく通っている。取材の最後で小林商店直売所に立ち寄っているが、実はこの直前に漫画家・イラストレーターのスケラッコさんとその友人のYさんとが合流してくれて、みんなで一緒にお店にお邪魔した。それもあって、最後は取材中だということもすっかり忘れ、ただの楽しい飲み会のような時間になった。帰りはほろ酔いとなってみんなでまた西九条駅までの道を歩いた。その時間も楽しかった。

白鶴
清酒
日本盛
(株)小林商店
売所
アサヒビール

鶴橋駅編

コーヒーを味わって
カップ麺を買って
冷えた生ビールを飲む

日本と韓国との歴史を知る上で重要な町

10年近く前、まだ私が大阪に越してきて間もない頃、「鶴橋には焼肉屋がたくさんあって、駅のホームに降りたらすぐ焼肉の匂いがする」と友人に教わった。「さすがに大げさなのでは」と思って初めて行ってみたところ、それは本当で、鶴橋駅で電車のドアが開いた瞬間に美味しそうな匂いがしてきたので驚いた。

それから私は何度となく鶴橋を訪れ、焼肉店のひしめく一角や、迷路のように路地が入り組む商店街や市場を歩いては、他にこんな場所はないだろうという思いを強くしてきた。

鶴橋周辺はかつて「猪飼野」と呼ばれ、古くは4世紀頃からすでに朝鮮半島から渡ってきた人々が住んでいたと言われている（現在、「猪飼野」という地名は地図上には残っていないが、地域の人々の間ではかつての時代を留める大事な地名として共有され続けている）。その後も韓国にルーツを持つ方が多くこの地に移り住み、日本と韓国の文化が混じりあう場を作ってきた。ホルモンを美味しく調理する技術が発達していた韓国からこの地へと食文化が伝わり、戦後の闇市時代を経て焼肉店が軒を連ねるようになった。駅を降りるとすぐ「焼肉の聖地」と書かれた看板が目に入るほどに、今では美味しい焼肉を求めて多くの人が集うスポットになっている。

駅前から縦横に入り組んで延びる商店街群は戦後の闇市から形成されていったもので、キムチをはじめチヂミ、トッポッキなどの韓国食品や食材を売る店、韓国の伝統衣装を売る衣料品店が立ち並ぶ。また、鶴橋から三重県伊勢方面へと近鉄電車が走っていることもあり、ここは古くから新鮮な魚介類が多く手に入る場所でもあった。(市場が休みになる水曜日をのぞけば)いつも活気にあふれていて、ここで暮らす人々が長い歴史の中で醸成していった文化を肌で感じることができる。

いつも賑わう大阪コリアンタウン

ＪＲ鶴橋駅から10分ほど歩くと、「大阪コリアタウン」や「生野コリアタウン」という名で呼ばれることの多い商店街に出る。通り沿いにカラフルな韓国スイーツやハリケーンポテトなどを売る路面店が並び、食べ歩きを楽しむ人でいつも賑わっている。

K-POP関連のグッズや韓国コスメを売る店なども多く、韓国旅行を疑似体験できるような場所として特に近年は人気が高まっている。取材時は平日の昼下がりだったが、かなりの盛況ぶりだ。

しばらく歩いた後、鶴橋商店街と大阪コリアタウンの中間あたりに建つコーヒーショップ「KURA COFFEE」に立ち寄ってみること。こちらは古い倉庫を改装して2年ほど前にオープンした店で、基本的には土日限定で営業しているそう。取材時はたまたま「piefika」というカフェが間借り営業をしており、ケニアのガチュヤイニという香りのいいコーヒーをドリップしてもらうことができた。

このお店以外にも周辺におしゃれで居心地のいいカフェがいくつも見え、コリアタウンめぐりを楽しむ人たちが一休みしていくようだった。

駅から少し離れたこの辺りにも韓国食材を扱う店が多く、スーパーマーケットのように様々な商品を販売している店で韓国のインスタントラーメンとジュースを買ってみた。どんな味かもたしかめずに勢いで買ったジュースは、後で調べてみると「ケスカン」という名の炭酸飲料で、ファンタオレンジのような味わいだった。ちなみに、これを飲んでおくと二日酔いをしにくい、と韓国の若者たちに人気のドリンクらしい。

市場の一角に生ビールが美味しい立ち飲みスタンドが

再び鶴橋商店街へと戻り、惣菜や乾物を売る「丸金商店」へ立ち寄った。ここは創業1947年という老舗なのだが、1年ほど前からお店の隅に立ち飲みスタンドを設け、市場散策のついでに軽く一杯飲んでいける場所になっている。

生ビールが大好きで、その品質に並々ならぬこだわりがあるというご夫婦が提供してくれるビールは「まるで水か!?」というほどにグイグイ飲めるクリアな味わい。ビールサーバーは毎日丁寧に洗浄し、あらかじめ冷蔵庫で冷やしてあるジョッキは、それ専用のスポンジでしか洗わないという徹底ぶりだ。

店頭で販売されているキムチや、「ちょうどいいのが手に入ったから」と特別に焼いていただいたホルモン（絶品だった！）をつまみに美味しいビールを飲んでいると、通りを歩く人たちがお店のご夫婦に「こんにちはー！」「お疲れさまー！」などと声をかけていく。一人のご婦人は「ここはそよ風が通っていい場所よね。マドンナもおるし」とこちらに笑顔を見せて通り過ぎていった。この店にいると、ほんの少しだけだが、自分が自然と鶴橋の街の一部になれている気がして、それが楽しく感じられる。

韓国と日本の文化が混然となって存在する鶴橋。古くから何代にも渡ってここで暮らす人もいれば、この町に仕事をしにくる人もいて、私のようにたまに飲みに来たり、焼肉を食べに来たり、韓国の最新カルチャーが好きでここに訪れる若い人たちもいる。そのように様々な目的を持った人たちを柔軟に許容する場だからこそ、鶴橋はどこにもない魅力的な町なのだと思う。

取材を振り返って

この取材の頃から特に頻繁に鶴橋によく通うようになった。鶴橋在住の飲み仲間があちこちのいい酒場を紹介してくれたり、在日コリアン3世で多民族共生人権教育センターに勤めている文公輝さんに鶴橋の町をじっくり案内してもらう機会を得たことが大きい。「鶴橋ってこんな町」と簡単に要約しようとしても、そこから逃げていくように、町が多彩で複雑な表情を見せる。生ビールが水のように美味しかった「丸金商店」は残念ながらすでになく（2025年1月現在）、同じ敷地で別の屋号の店が営業している。この移り変わりのスピードもまた、鶴橋らしい気がする。最近の私のお気に入り酒場は「スギモト」というスタンドバル、撮影禁止の角打ち（といっても雰囲気は和やかな店）「角井酒店」、朝から営業している「よあけ食堂」もいいし……ここには書き切れないほどだ。

立ち飲み
やってるヨ
マルキン
おもちかえり
もできる
芸人9条の会

福島駅編

パンを食べて 角打ちに寄って 高架下の商店街で落ち着く

オフィスビルと飲食店が同居する町

ＪＲ福島駅というと、私はまずオフィス街のイメージが浮かぶ。大阪駅の隣駅で交通の便がよく、大企業のオフィスが入ったビルが駅周辺に目立つ。南に少し歩けば、中之島エリアも近く、なにわ筋の大通り沿いをスーツ姿の人々が行き交う姿も印象的である。

そして、近隣でお仕事をしている方々が気軽に立ち寄れるような飲食店が集中しているのもこのエリアの特徴だと思う。立ち並ぶ店は、いわゆる下町的なお店よりも個性的なスタイルを打ち出している小規模店が多い印象で、時代の変化に敏感な店が多くの客を集めているように見える。

２０１９年に駅近くの高架沿いにオープンした「ふくまる通り57」は、比較的コンパクトな敷地のカフェやバルなどが通りに面して並ぶグルメストリートで、食べ歩き、飲み歩きが楽しそうな一角だ。また、駅周辺の細い路地にも飲食店が点在していて、そういう中にひっそりと名店や人気店があり長い行列ができていたりする。

大淀方面へ歩くと静かな住宅地に

福島駅の北側にも南側にも気になる店がたくさんあったが、今回はなにわ筋を北へ北へと歩き、いったんあえて駅から離れてみることにした。方角的には淀川の河川敷へ向かってゆっくり歩いていくような感じである。

15分ほど歩くと大阪市北区大淀のあたりにたどり着いた。この周辺にはタワーマンションが建ち並び、今まさに建設中のマンションもちらほら。福島駅はもちろん、梅田エリアにも非常に近い住宅街としてファミリー層にも人気のようで、電動自転車の後部シートに小さなお子さんを乗せて走っていく人の姿をよく見かけた。

さらに歩くと、空中庭園展望台のある「梅田スカイビル」がすぐ右手に見えてきて、福島と梅田との距離がこんなに近いのだということに改めて驚いた。私は大阪市北区中津にあった「シカク」という小さな書店（現在は此花区に移転しています）で仕事をしていたのだが、梅田スカイビルの隣に建つ大阪北郵便局までお使いに行くことがあり、よくこの辺りを歩いたことを思い出した。ということはつまり、中津エリアもここからすぐなのである。中津もここ数年、交通の便のいい住宅街として、また「ウラ梅田」的な穴場の飲食店街としても人気で、人の流れがじわじわと増えてきているのを感じるエリアだ。

自動車部品の工場だった建物をリノベーションしたという「KNOT MARKET PLACE」のカフェコーナーで美味しいコーヒーを飲んで一休みすることに。店内では美味しそうなパンも売られており、買ったものを店内のトースターで好みの加減に焼くことができる。大きなじゃがいもがごろっと入った「ポテサラサンド」をコーヒーと一緒にいただいた。ポテサラサンドをトースターでちょっと焼いてみると、表面がパリッとした食感になってとても美味しかった。

親しみやすい角打ちや横丁の飲み屋もあって懐が深い

大淀周辺の散策を楽しみつつ、福島駅の方へと引き返し、ビルの1階に店舗を構える「竹内酒店」の角打ちカウンターで生ビールを飲んだ。創業80年以上になるという老舗酒店だが、福島や天満の複数の酒販店が連携して開催した飲み歩きイベントに参加したりと、柔軟な姿勢でこのエリアの酒シーンを盛り上げているお店の一つ。角打ちスタイルの店ゆえ、美味しいお酒を安く気軽に味わうことができる。

角打ちの定番である乾きものや缶詰以外にもおつまみが色々と用意されているのも嬉しいところ。ブロッコリー、フルーツトマト、そしてみりん干しをいただくことにした。立ち飲みコーナーの営業開始は17時からなのだが、開店直後から常連さんらしき方がひっきりなしにやってきて、気さくなマスターと話しながら思い思いにお酒を楽しんでいるようだった。

「もう一軒、できれば自分の勘でいい店を見つけたい！」と意気込みつつ、駅前をさらに散策し、JR神戸線の高架下にある「福ろうじ商店街」に入ってみることにした。ここはアーケード内に飲食店やドラッグストアが並ぶ通りで、戦前からあった「福島市場」という市場が前身なのだとか。端から端まで歩いた後、白く美しい暖簾にピンとくるものを感じて「あさ川」という店に入ることに。「もしかしたら高級な店かも」と緊張しながら入ったのだが、家庭的な雰囲気で、素晴らしいお店だった。

ビールをいただきつつ、店主に話を聞いたところ、この場所に店を構えて26年になるそう。開業当初、この通りにはまだ市場の名残があり、向かいは米屋さんだったという。福島近くで育ってきた店主によれば、この辺りには昔から会社が多かったものの、飲食店はあまりなく、今のように飲み歩きができる街になったのはここ20年ほどのことらしい。

新しいお店がどんどんできては移り変わり、そのサイクルが早いのが最近の福島の印象とのことだが、その変化の中、「あさ川」は開店当初からずっと変わらぬ雰囲気なのだそう。「初めてここに来た時はハタチだったはずのお客さんが、もう40何歳になってるから驚くわー」と店主は笑った。

最近では若い女性のお客さんも増えているそうで、そういう方が一人でふらっと来てここを気に入り、後日、上司を連れてくることもあるという。

常連さんに大人気だという餃子は、注文を受けてから目の前で包んでくれる。生姜の風味が効いていて、サイズが小ぶりで食べやすく、お酒がグングン進む。卵を何度も丁寧に加えながらじっくり焼いただし巻きも絶品。気づけばいつしかほろ酔いとなり、時折店の上の線路を走っていく電車の響きが心地よく感じられる。

取材を振り返って

WEB連載時、この福島駅の回を読んでくれた方が「あさ川」に行き、すごく気に入って通うようになったと聞いたことがある。そんな風に参考にしてもらえることもあるのか、と嬉しく思った。私もつい先日、久々にお店にお邪魔し、変わらず元気な店主とお話しすることができた。流行に応じてどんどん変化していく福島駅前とはまた違った、ゆったりとした時間が「福ろうじ商店街」には流れている気がする。また、原稿内で取り上げることはできなかったが、福島といえば、「Essential Store」という、私が心の底から大好きな雑貨店兼ギャラリーがある。不定期営業のため、行こうと思うとなかなかハードルが高い店なのだが、この世界に散りばめられた宝物が集まったようなすごい空間なので、ぜひチェックしてみて欲しい。

かく庄
お好み焼
OK2番街
飲食街
LUCE
OK2番 のれん街
RICH 3番館
S CAFE
まつお
とっつぁん
かく庄
キリンビール
キリンビール
お好み焼
焼そば
かく庄

大正駅編

ファンシー雑貨を買って
角打ちに寄って
川の風に吹かれる

沖縄と大阪の文化が融合する街

大阪の西側、港湾エリアに隣接する大正区。北端に位置するJR大正駅を玄関口に、その区域は南に長く広がっている。大正駅周辺は、高架下や路地にある飲食店が賑わっており、駅のすぐ北を流れる尻無川（しりなしがわ）の向こうには「京セラドーム大阪」の特徴的な造形が見える。

この京セラドームを本拠地としているオリックス・バファローズの試合や、ミュージシャンやアイドルグループの大規模なコンサートが開催されるタイミングには、駅前からドーム方面へと、大きな人の流れができる。

そのように賑わいを見せる駅周辺と、区域の南方にある広大な住宅街や、古くからこのエリアの発展を支えてきた企業や工場とが混ざり合って、大正区は構成されている。また、大正区は100年も前から沖縄にルーツを持つ方が多く移住してきた地域であり、沖縄と大阪の文化がぶつかり、融合しながら息づいてきた（そういった理由から、JR大正駅の発車メロディーには沖縄民謡「てぃんさぐぬ花」が採用されている）。

昭和・平成期の懐かしいグッズが揃う「雑貨屋ミケちゃん」

広い大正区の全貌を把握するのは簡単なことではないが、まずはこの町にある魅力的なお店の一つを訪ねてみることにする。大正駅から西へ5分ほど歩いた場所にある「雑貨屋ミケちゃん」という店で、個人的にもかねてから大好きなお店なのだ。

雑貨屋ミケちゃんは2010年から大正に店舗を構える雑貨店で、昭和・平成期のレトロで可愛いキャラクターグッズやファンシー雑貨を販売している。店内に所狭しと陳列された品々を眺めていると、あまりの懐かしさに時が経つのを忘れてしまいそう。

もともとは藤子不二雄作品などのキャラクター雑貨が大好きで、好きなものを集めているうちにこのようなお店ができていったという店主の松原新天さん。大正駅近くに店舗をオープンすることになったのは、まったくの偶然だったという。店舗として使わせてもらえそうな物件を探していた頃に自転車でたまたま現店舗の前を通りかかり、テナント募集の貼り紙を見つけて連絡を取ったのだとか。

それまでは大正に来たこともあまりなかったというが、「大正は住みやすいですよ。環状線の駅もあるし、地下鉄も通っているので交通の便がすごくいいんです。お店をやる場所としてもよかったですし、生活の面でもここ10年ほどでどんどん便利になっていますね。イオンモールもできて、周辺も綺麗になりましたし」と、今では好きになったこの街についての思いを語ってくれた。

大正での暮らしに関するお話しを聞きつつ、あれこれ買い物もさせていただくという贅沢なひととき。「入居者が自分好みにリノベーションできる千島団地も若い人に人気らしいですし、大正に住みたいという人がここ最近さらに増えてきている気がします」という松原さんの言葉が印象的だった。

商店街沿いの角打ちやベトナム食材店へと散策

「雑貨屋ミケちゃん」を出た後、「三泉商店街」まで足を延ばしてみた。ここは、1911年に設立された「三泉共同市場」を前身とした古い歴史を持つ商店街だ。

「みのりや」という角打ちが素晴らしく、そこで瓶ビールを飲んで一息ついたり、再び駅の方へと歩いて、路地の中に最近オープンしたばかりだというベトナム食材店を見つけて買い物をしたりと、行き当たりばったりな街歩きをしばし楽しんだ。

川沿いにはおしゃれな雰囲気の酒場も

さらにしばらく歩いた後、JR大正駅の東側を流れる木津川近くの居酒屋「ニュークレヤ」で休憩していくことにした。

泡盛をシークワーサーソーダで割った「大正ハイボール」は、すっきりと爽やかな味わい。そこに合わせるおつまみとして、看板メニューのたこ焼きを注文してみた。たこ焼きには、塩・ソース・出汁割りといった食べ方があり、食べ比べができるセットも用意されている。

椎茸でとった出汁にたこ焼きを浸す、いわゆる明石焼き風の食べ方が特に美味しく、大正ハイボールがあっという間に喉の奥へと消えていった。

4年ほど前にオープンしたこの店は、まさにコロナ禍と重なってしまったために大変な時期が続いたそうだが、「大正の人は本当に優しくて、周辺の飲食店さんともすごく仲良くさせてもらっています」と、店長はこの街あってこそのこの店だと語っていた。

さて、「ニュークレヤ」の店長も関係者と仲良しだという「タグボート大正」で今日の締めの一杯を飲んでいくことにしよう。タグボート大正は尻無川に面して建ち、敷地内に複数の飲食店が入っている複合商業施設である。

2020年のオープン以来、大正駅近くのちょっとしたおしゃれスポットとして定着したタグボート大正。川すれすれの場所に設置されたテラス席でのんびりお酒を飲むこともでき、夕暮れ時の川面を眺めながら、いい時間を過ごした。

沖縄と大阪の文化が時間をかけて混ざり合ってきたように、今もまた新しいものと古いものが融合しつつある大正。まだまだ歩き切れていないこの街を、今後もゆっくり散策していきたいと思った。

取材を振り返って

取材の途中、勢いで入ったのが三泉商店街の「みのりや」という角打ちだったのだが、お店の方とお客さんの気楽な会話が耳に心地よく、また、おつまみもすごくいろいろあってどれも美味しくて、大阪には自分の知らない名店がまだまだあるんだろうなと感動したのを覚えている。大正駅周辺にはその後も縁があって、大正区と浪速区を結んで架かる「大浪橋」の上に不定期に現れる「橋ノ上ノ屋台」を取材しに通ったりした。その名の通り橋の上で営業するコンパクトな屋台で、数種類のお酒と串焼きを味わうことができるのだが、橋から眺める川と街並みが素晴らしいのだ。川の風に吹かれた後、大正駅方面へ引き返し、沖縄料理の美味しい居酒屋「いちゃりば」で締めるのも楽しい。

AFTER SCHOOL

天満駅編

長い商店街を歩き
レコードを買って
カレーをつまみに飲む

大阪を代表する商店街のある駅

ＪＲ天満駅を降りて歩けばすぐ天神橋筋商店街に行き当たる。天神橋筋商店街は日本でも有数の長さを誇るアーケード街で、天神橋筋六丁目から一丁目まで、横断歩道を挟みながら2キロメートル近くも続く。ちなみに、アーケードのない天神橋筋七丁目も商店街の一部であり、それも含めれば全長は2・6キロメートルにもなるそうだ。

10年ほど前に東京から大阪へと移住してきた私は、初めて天神橋筋商店街を歩いた時、賑やかさと生活感が混ざり合ったその雰囲気にすっかり魅了され、以来、幾度となくここを歩いてきた。

天満駅からすぐの天神橋筋六丁目あたりは少し商店街の道幅が狭く、それゆえか人通りも多く感じられる。大阪メトロの天神橋筋六丁目駅も近く、中崎町や扇町、梅田エリアも徒歩圏内と、交通の便もいい場所である。

商店街から外れた路地や、戦後にできた天満市場を前身とする「ぷららてんま」の周辺には飲食店がひしめき合い、夕方以降は特に賑わいを見せる。

様々な業態の商店が並び、歩くだけで楽しい町

そんな天神橋筋六丁目、通称・天六から天神橋五丁目、四丁目へと商店街を歩いてみる。ネオンが華やかな「スーパー玉出」や、ラーメン店や立ち飲み屋、昔ながらの喫茶店など、新旧様々なお店が入り混じっているところがこの商店街の魅力だと思う。ここを歩いているだけで、いつも少し元気が出るような気がする。

通りの左右にきょろきょろと視線を慌ただしく動かしながら、天神橋三丁目まで歩いてきた。このエリアには数軒の古書店があり、天神橋筋商店街の中でも特徴的な一画となっている。良質な古書が安価に手に入り、古書好きの支持を集める「天牛書店」や、旧ジャニーズ・アイドル分野に強い「矢野書房」など、店頭に置かれた特価本を眺めるだけでも楽しい。

さらに歩みを進めて天神橋二丁目、一丁目までやってきた。この辺りでは、ここ数年、

雑居ビルの上階に小さなレコード店がオープンしていて、音楽好きに注目されつつあるという。

そんなお店の一つで、天神橋二丁目のビルの3階にあるレコードショップ「熱帯夜」へ立ち寄ってみることにした。2023年の2月にオープンしたこの店は、ミナミの老舗レコード店「TIME BOMB RECORDS」などで長く働いてきた秋葉慎一郎さんが独立して始めたもの。60年代、70年代以降の邦楽やサイケなロック、アシッドフォークなどを中心にたくさんのレコードを取り揃えている。

秋葉さんは神戸の出身で、阪神淡路大震災の後に大阪で暮らすようになったという。親が商売をしていた神戸の街と似た雰囲気を天満周辺に感じ、本庄や中崎町など、天満に近いエリアに長年住んできたそうである。

秋葉さんに天満の印象についてたずねると「あんまり大阪、大阪っていう感じでもなくて、いろんな人がおるから落ち着いて歩ける感じがしますね。21歳からこの辺に住んでいて、だんだんといい方に変わってきた気がします。昔はもうちょっと薄暗かった気がしますね（笑）。今もおもろいおっちゃんとかおばちゃんもいるし、若い人もいて、混在しているのがおもしろいです」とのこと。

この店のすぐ近くにある「TOTO RECORDS」の店主は秋葉さんが昔から慕うレコード業界の先輩だそうで「先輩の背中を追いかけて、こんな近い場所でお店をやらせてもらってるのがありがたいです」と語っていた。「熱帯夜」は、気さくな秋葉さんとの会話も楽しい、居心地のいい店だ。気になったドーナツ盤を2枚買い、散策を続けることにした。

949年に創建された大阪天満宮にお参りし、すぐそばの寄席「天満天神繁昌亭」を眺めつつ歩く。天神橋筋商店街は、大阪天満宮の参道として、そして、昔から水運の要路として利用されてきた大川に近い市場として、と、主に二つの面から発展を遂げたという。古い歴史が今の賑わいにつながっていることを感じつつ、ゆっくり天満駅方面へ引き返すことにした。

天五中崎通商店街で一休み

天神橋筋商店街とは別に、天神橋五丁目の交差点から中崎町方面へと続く天五中崎通商店街という通りがある。天神橋筋商店街よりも少し落ち着いた雰囲気が好きで、ここもよく歩く。商店街の入り口付近にある創業70年以上の老舗たこ焼き店「うまい屋」や、「稲田酒店」「堀内酒店」といった酒屋の角打ちなど、人気店も数多い通りである。

気になるお店がたくさんあって目移りしてしまうが、今回は「東天満でん」で一休みしていくことに。洋食の道で長年修行を積んできた初代店主が東天満に開いた欧風カレー店が前身で、今はカレーも味わえる居酒屋という雰囲気の店になっている。東天満から今の場所へと移転してからも、初心を忘れぬようにと当時の地名を屋号に残しているそうだ。

玉ねぎの甘みとコク、後からピリピリくる辛みが特徴のカレーはお酒のおともにも最適。カレーの他にも居酒屋の定番的なメニューが多数用意されている。「セロリ浅漬け」、「和牛スジポン」などをつまみつつ、生ビールを飲んでいると心も体もすっかり休まった。

ほろ酔い加減で天五中崎通商店街を引き返し、再び天満駅へと戻ってきた。駅界隈の賑わいを始点にして、散歩を楽しみながら周辺エリアまでもふらっと足を延ばせるところに天満の魅力を改めて感じた一日だった。

取材を振り返って

コロナ禍以降、天満駅周辺の雰囲気は少し変わってきたように思う。昔ながらの個人店が店を閉め、そこに新しくチェーン居酒屋が入ったりして、そのような入れ替わりがあちこちであったから、そう感じるのだと思う。もちろんそれは悪いことではなく、また新たな人をこの商店街に呼び込むきっかけにもなるだろう。と言いつつ、古い店の雰囲気が好きでついついそっちに肩入れしてしまう自分にとっては、どっしりした老舗がいつまでも残っていてくれることを願いたい。原稿にも書いたが、大阪に引っ越してきて以来、天満はずっと大好きな街で、いつ歩いても楽しい。最近、天神橋筋六丁目駅近くの裏通りにある角打ち「北浦酒店」で久々に飲んで「こんな店がある天満はやはり素晴らしい」と思った。入るのにちょっと勇気がいるかもしれないが、入ってしまえば不思議なほどに落ち着く店である。

天満天神繁昌亭
林家染二
桂出丸
桂文華
桂楽珍
笑福亭鶴笑

桃谷駅編

いか焼きを食べて アーケード街を歩いて ネパール料理店で飲む

駅前にはチェーン店と生活感溢れる商店街が共存

JR桃谷駅の南口に出るとすぐ「桃谷駅前商店街」のアーケードが見える。活気あるこの商店街は、駅から東側に向かって「桃谷中央商店街」、「桃谷本通商店街」、「桃谷本通東商店街」へと長く繋がっている。

また、町の銭湯「桃谷温泉」のある通りは、桃谷温泉通商店街という旅情を感じる名前の小さな商店街で、これも桃谷駅のすぐ近くだ。このように、いくつかの商店街が連なっている中に、個人商店やさまざまなジャンルの飲食店、チェーン店などが混ざり合っているのが桃谷駅前なのである。

と、まるで桃谷をよく知る者であるかのように書いてしまったが、私はつい最近まで桃谷駅に対してこれといった印象を持っていなかった。鶴橋駅と寺田町駅に挟まれていて、なんとなく生活感のある町という程度のイメージだったが、通えば通うほどにいい街だと、ここ最近思うようになってきた。

商店街のそぞろ歩きも楽しいし、商店街と反対側の交差点付近にはマクドナルドやミスタードーナツがあったり、駅の北口には「ビエラ桃谷」という駅直結の商業施設があったり、スーパーマーケットも多く、何かと生活がしやすそうなのだ。

まずは商店街を先へ先へと歩いてみる

駅前の桃谷駅前商店街から、アーケードの途切れる桃谷本通東商店街まで歩いてみることにした。駅から向かって東へ東へと進むほど、〝のんびりしたムードが濃くなっていくように感じられる。

和菓子を売るお店があったり、果物店があったり、かと思えばインド・ネパール系のスパイスを販売する店があったり、古くからある店と新しい店とが混在している様子だ。

商店街を歩ききり、疎開道路という通りを横断してさらに進んでいくと、いか焼きを売る「まる平」という店があり、店内でも食事ができるようだったので入ってみた。

専用の機械でギューッとプレスして作るいか焼きは、もちっとした歯ごたえ。スパイシーなソースの風味に、缶ビールが進む。

お店に立っているのは日本に来て20年になるというフィリピン出身のジョアンさん。この店のオーナーである旦那さんから調理を任されているのだとか。店はオープンから5年を迎えるそうで、近隣に住む人がいか焼きをよくテイクアウトしていくとのこと。

桃谷の町についての印象を伺うと、「桃谷はいい商店街があるから、もっとお店が増えて賑やかになったらいいと思います」という。トッピングを選べるいか焼きのほか、夏場はかき氷を、そして今後は焼きそばなどもメニューに加える予定だと教えてくれた。

お店を出て周囲を散策していると「つるのはし跡」の石碑が立っていた。「つるのはし」は、高度な技術を持つ渡来人によって建造された日本最古の橋と言われる「猪甘津の橋」の通称で、これが鶴橋という地名の由来だという。その碑がここにあることからも分かる通り、ここからは鶴橋エリアも徒歩圏内である。

熱気あふれるネパール料理店で桃谷の今を感じる

その後、桃谷駅方面へゆっくり引き返し、古民家を改築した路地裏のバーで美味しい生ビールを飲んだり、創業50年以上になる老舗角打ちでチューハイを飲んだりと、楽しい時間を過ごした。

桃谷について、バーのマスターは「ここ数年で商店街がちょっとずつ賑やかになってきている気がします」という。また、若い人に人気の大阪コリアタウンについて、「コリアタウンまでは桃谷駅から歩いても近いので、桃谷の商店街を通っていく人が増えるといいですね」とおっしゃっていた。

日が暮れてきたのでそろそろ腰を落ち着けて食事をしようと思い、桃谷本通商店街沿いにあるネパール料理店「ソルティ モモ」に行ってみることに。こちらは、1階のネパール食材店「ソルティマート」の2階に最近できた飲食スペースらしい。

夕飯時ということもあり、店内はほぼ満席。お客さんのほとんどがネパールの方のようだ。私と同行の編集者・Mさんがメニューを眺めていると、近くの席に座っていた若いグループ客が親切におすすめを教えてくれた。

それに従って、「チキンのモモのジョール」というメニューを注文してみたところ、酸味のあるクリーミーなスープに浮かんだプリプリの水餃子のような料理で、なんとも美味である。一緒に注文したネパールの「アルナビール」も飲みやすくて好みの味だった。

すっかりこの店が気に入った我々は、マトン入りのネパール式焼きそば「マトンのチョウメイン」や、ネパールのタカリ族の料理「タカリカナ（ダルバートのような、ワンプレートにご飯やスープや総菜が盛り合わせてある一皿）」をもりもりと食べ進める。

私たちに料理をおすすめしてくれたネパールの若者たちは電車に乗ってこの店に通っているとのことで、それだけここの味が気に入っているらしい。お会計をして店を出ると、階段には順番を待っているお客さんたちの姿があった。相当な人気店のようである。

いい気分で駅へ向かい、帰路につく。商店街を中心に、これからもさまざまなカルチャーが混ざり合っていきそうな桃谷がさらに好きになった。

取材を振り返って

最後にたどり着いた「ソルティ モモ」が本当に素晴らしく、どの料理も絶品だった。私と同行のMさんは最初、「本格的なネパール料理が食べられそうだし、まあ、軽く一杯飲んで行きましょう」というような感じで2階への階段を上ったのだったが、美味し過ぎて、気づけばお腹がはち切れんばかりに食べまくっていた。おすすめを親切に教えてくれたネパールの青年たちをはじめ、お店に集まっている人たちがみんな気さくで、あたたかく活気があったのも印象的だ。「まる平」のジョアンさんや、路地裏のバーのマスターが語ってくれたように、駅前にすぐ商店街があって楽しい通りなので、もっと人通りが増えたらいいのになと思った。また、取材時に立ち寄った「近江屋今津酒店」という角打ちの、時の流れが沁み込んだ素敵な空間も記憶に強く残った。

おでん
メニュー
たまご 90円
ちくわ 90円

森ノ宮駅編

豆乳を飲んで 酒場に立ち寄って ビルの地下の居酒屋へ向かう

大阪城公園の端に位置する駅

JR森ノ宮駅の北口を出ると、通りを挟んだ向こうに大阪城公園の広い敷地が見える。この広い公園の近くに位置する大阪環状線の駅と言えば、その名もずばりの大阪城公園駅が思い浮かぶが、森ノ宮駅もまた、公園の東南の端からすぐの場所にある。

そのため、大阪城公園に出掛ける際に利用する人も多い駅である。花見のシーズンや、大阪城音楽堂で催しがある際には、駅周辺がひときわ賑わう印象だ。

公園の敷地の南端に沿うようにして西側へ歩けば、約1000席のキャパシティを持つホール「森ノ宮ピロティホール」や、複合商業施設「もりのみやキューズモールBASE」があり、さらに進むと「大阪歴史博物館」や「難波宮跡公園」へとたどり着く。

このように、森ノ宮駅の西側には大規模な公園や施設などが多く存在する一方、東側には団地が連なり、住宅地が広がっている。近くには大阪メトロ中央線・長堀鶴見緑地線の森ノ宮駅もあり、交通の便もよく、住みやすいエリアとして人気を集めていると聞く。

駅の南側はオフィスが並ぶ静かなエリア

今回は「もりのみやキューズモールBASE」の裏手あたりから南の方へと散策してみることにした。行くあてはなく、いつも通り行き当たりばったりだ。周辺に印刷会社や紙器を扱う中小企業が目立つエリアで、平日の夕方近くともなると物静かな印象だ。

その合間に住宅や商店が点在し、さらに少し歩くと玉造駅周辺に至る。そこまで行くと公園や学校があり、森ノ宮駅の近くとはガラッと雰囲気が変わり、ここで暮らす人の姿が感じられるような街並みとなる。そこから東側へと移動して玉造筋を渡ると「ロイヤルホームセンター森ノ宮」という大きなホームセンターが見え、大規模な商業施設と公園と住宅地が混ざり合っていて、買い物をするのにも便利そうだなと思う。

そのホームセンターの脇の大和橋通、中本橋通と続く道路を歩いていくと、「生駒温泉」

という銭湯の立派な建物が見えてくる。この銭湯には以前、散策の途中に立ち寄ったことがある。いかにも昔ながらの街の銭湯という風情があって、とてもいい湯だった記憶がある。

銭湯の近くには「元町銀座街」という小さな商店街があり、今も数軒の商店が営業している。創業40年ほどになるという「斉藤豆腐店」の店頭で、あっさりと飲みやすい豆乳を飲んだ。たしか2年前までは「元町銀座街」という文字の並ぶアーチが残っていたはず。お店の方に聞いてみると、老朽化のために撤去されたそうだった。

安心価格のカウンター酒場で一休み

森ノ宮駅方面まで少し引き返し、「カウンター居酒屋バラモン」というお店に立ち寄ることにした。その名の通り、中に入るとすぐカウンターが横に延びている店で、生ビールなどのドリンク類は客がセルフサービスで注ぐスタイルになっているのがおもしろい。ドリンク2杯と小鉢3品がセットになった「せんべろセット」が1000円と、価格はお手頃。しかも料理はどれも美味しく、ボリュームもたっぷりだった。

店主の小瀬良秀美さんにお話を伺うと、店のオープンは2023年6月で、この地に開店したばかりなのだそう。「バラモン」という店名は、長崎県の五島列島出身の小瀬良さんが、故郷の民芸品である「ばらもん凧」からとったもの。店のメニューには「五島うどん」もあり、飲みの締めにもよさそうだなと思った。

飲食のお仕事を始めるのは、この店が初だという小瀬良さん。現在は東京の飲食店で修業をしている息子さんと、この場所で一緒に仕事をするのが夢なのだとか。そのためにオープンから一日も休まずに営業しており、この辺りを歩く人の層を時間や曜日別に把握し、メニューや営業スタイルを改善していこうと努めているのだという。

店のすぐ近くに「サクラクレパス」のオフィスビルがあり、そこにお勤めの方がランチタイムや仕事終わりに寄ってくれるのがありがたいとのこと。駅から少し離れた場所だが、周囲には飲食店も意外なほどに多く、「森ノ宮駅からの人通りがこれからもっと増えていけばいいのですが」とおっしゃっていた。

大阪環状線の高架脇には居酒屋がひしめく

「もう一軒、どこかで飲んでいきたい」と、森ノ宮駅近くまで引き返し、JRの高架に沿って歩いてみることにした。高架の脇には飲食店がひしめき、仕事帰りの人々が増える夕方ともなるとかなりの賑わいである。

いい風情の大衆酒場が軒を連ねており、どこにしようかとしばらく迷ってしまったが、ビルの地下へと続く階段のそばに「酒の穴」と看板があったのが気になり、入ってみることに。店内は奥に広く、カウンターとテーブル席があって好きなスタイルでくつろげそうな空間である。

のどの渇きを生ビールで潤した後、名物だという「ドテカツ」をいただくことに。串カツにどて焼きの味噌がかかった食べ応えたっぷりの一品で、これだけでかなりお酒が飲めてしまいそうだ。

ドテカツと同じくこの店の名物だという「かっぱ」は、麦焼酎の水割りにきゅうりの薄切りを浮かべたもの。これが意外なほどに飲みやすく、メロンやスイカのような風味を感じて気に入った。焼酎の濃さにこの店のサービスのよさが表れており、数杯飲んだだけですっかり酔った。

森ノ宮駅というと大阪城公園付近のイメージばかりが思い浮かんでいた私だったが、少し歩くだけで街の表情がどんどん変わっていくのが新鮮だった。高架脇の店をさらに散策しつつ、もっとこの街を知ってみたいと思った。

取材を振り返って

取材時に立ち寄った「酒の穴」には、その後、別の取材で訪れることになった。というのも、私は東京在住の酒場ライター・パリッコさんとずばり「酒の穴」という名の〝飲酒ユニット〟を組んでいて、まあ飲酒ユニットといっても文字通り、ただ二人で酒を飲んでいるだけなのだが、とにかく、そんな縁もあって、パリッコさんと、さらにスペシャルゲストとして漫画家・ラズウェル細木さんと共に再び「酒の穴」に飲みに行くことになったのだ。大阪のあちこちでハシゴ酒をして、その模様を写真に撮ってもらうという取材だったのだが、その日も「酒の穴」の濃い焼酎にすっかりやられてしまった。地下に降りていく店ということもあって、どこか深く謎めいたお店に思える。「酒の穴」も好きだが、最近、森ノ宮に詳しい友人に「立呑み さかもと」という店に連れて行ってもらって、そこもまた素晴らしかった。これからも森ノ宮のことを少しずつ知っていきたい。

手づくり豆腐の店
斉藤豆腐店
バニラ
抹茶
うまい!
斉藤とうふ店
手づくり
DAWN

芦原駅編

歩き回って老舗角打ちで飲んで
高架下のカフェにたどり着く

なんばや大国町も自転車圏内のエリア

ＪＲ芦原橋駅は、大阪市浪速区の西側に位置している。同じ浪速区の区域には大阪市内でも有数の繁華街であるなんば・日本橋エリアもあるが、芦原橋駅の乗降客はそれほど多くなく、駅周辺には住宅や中小企業、町工場などが目立つ。

かつてこの近くに「鼬川（いたちがわ）」という川が流れており、そこにかかっていた橋が「芦原橋」という橋だったため、この駅名がつけられたのだという。その「鼬川」は１９５０年代に埋め立てられたが、川沿いに芦が茂る低湿地が広がっていたことを「芦原」の名が物語っている。

駅前にはいくつもの太鼓屋があり、バス停のベンチも太鼓の形をかたどったものになっている。江戸時代からこの地では皮革産業がさかんだった。太鼓だけでなく、革の靴や鞄を作る職人も多く、専門技術が後世に伝えられてきた。一方で、皮革産業に従事する人々が差別を受けてきた歴史もあり、日本で唯一の〝人権博物館〟「リバティおおさか」もこの地にあった（２０２０年以降、休館中）。

なんば・日本橋エリアへは自転車に乗れば10分ほどと近く、その利便性から、若い世代を中心に、新たな住宅エリアとしても注目を集めているという。

静かな街のあちこちに意外な発見がある

駅を出て西側へ、南海高野線の線路を越えて進んでいくと芦原公園が広がっており、さらに西には木津川が流れている。木津川にかかる大浪橋を渡れば、すぐに大正駅周辺である。また、芦原橋駅の北側へ行けば、阪神電車・大阪メトロの桜川駅も近く、少し歩くだけで交通の便がいいエリアであることがわかる。

芦原橋駅周辺を離れても、気の向くままに路地を歩いていると個人経営の飲食店などが多く点在し、散策の楽しいエリアである。

ちなみに、駅のすぐ北側、あみだ池筋に沿って建つラーメン店「中華そば ふじい」は、昔ながらの醤油ラーメンが食べられる店として人気で、なんばや野田にも支店を出している。食べてみたいと思いつつ、今回は泣く泣く散策を優先することに。

ＪＲ高架下の老舗角打ちで一休み

ＪＲの高架下に沿って北へ進んだ場所に「渡部酒店」という老舗の角打ちを発見し、そこで一休みしていくことにした。

「マルエフ」の瓶ビールを飲みつつ食べた「きのこベーコン」は家庭的な味わいで、気持ちが和んだ。聞くところによると、店の創業は１９３８年。実に85年もの歴史を持つお店だった。ちなみに、大阪環状線の芦原橋駅が開業したのが１９６６年なので、駅が存在するずっと前からこの地にあったお店なのだ。「まあ古いだけですけどね(笑)」とお店の方は謙遜されていた。

取材時は折しも、プロ野球・阪神タイガースの日本シリーズ進出が決まるかどうかの大事な試合が行われている日で、店内のテレビに映る中継を眺めながら、常連さんたちが優雅なひと時を過ごされている姿が印象的だった。

西側の高架沿いにも素敵なお店が

どこかでもう一杯飲んでいこうと、大阪環状線の高架をくぐって西側を歩いてみると、「cafeやなぎ」という素敵な雰囲気のカフェがある。外に出ているメニューを見たところ、瓶ビールも提供しているようなので「よし、ここだ！」と思い切って入ってみた。

おしゃれで居心地のいいカフェで、店主の大塚静江さんが気さくにいろいろと話を聞かせてくださった。それによると、cafeやなぎは2019年にオープンして今年で4年目になるそう。もともとは大塚さんのご親戚が同じ場所で「やなぎ」というスナックを30年以上にわたって経営されていたんだとか。

そのご親戚が亡くなった後、「この場所をなくしたくない」と考えた大塚さんは、一念発起してそれまでの仕事を辞め、このカフェに専念することにしたのだという。

大塚さんにとっての芦原橋は、親戚がいたために子どもの頃からよく遊びに来ていた愛着のある街。お店を始めてから4年の間に「駅の北側にマンションが建って、だいぶ若い人が増えてきましたね」と喜ばしい変化は感じているものの、「まだまだ芦原橋を広めたいんです」と語ってくれた。

そんな大塚さんは、毎月第3日曜日に芦原橋駅の高架下エリアで開催される「芦原橋はみだし市」の運営スタッフでもある。「芦原橋はみ出し市」は、皮革産業とともに歩んできたこの街ならではの〝ものづくりに特化したマーケット〟で、革の端材や町工場から出た部品などを再利用してオリジナル雑貨を制作するワークショップが行われるそう。その際はcafeやなぎの2階フロアも会場となり、ファミリー向けに絵本の読み聞かせなどが行われるとのこと。

「この街を盛り上げるためならなんでもやろうと思っています。今後は近くに住んでいる若い女性が仕事帰りに気軽に寄れるような〝夜カフェ〟もやりたいと思っているんです。まだ計画中ですけどね」と語ってくれた大塚さんのような人が、これからの芦原橋駅周辺をおもしろくしていくのだろうと思った。

取材を振り返って

毎回、行き当たりばったりのスタイルで取材していたこの連載だが、芦原橋駅編はなかなか入れそうなお店が見つからずに困った記憶がある。今回は諦めて日を改めて仕切り直そうかと、そんなことすら思ったのだったが、最後の最後に明かりを見つけたcafeやなぎが、まさに芦原橋を盛り上げようと活動されている大塚さんのお店で、なんとありがたい偶然かと思った。その後、芦原橋はみ出し市の様子を見に行くと、テレビの取材だろうか、撮影クルーの姿があり、このような催しがあることで芦原橋の文化や歴史が広く知られ、足を運ぶ人が増えていくのだろう、と改めてその意義を感じた。あれからまだ食べに行けていない「中華そば ふじい」へも、早く行きたいな。

大阪駅編

スパイスを買って
インテリアショップを眺めて
商店街で飲む

JR西日本で最も乗降客の多いターミナル駅

「大阪環状線　降りて歩いて飲んでみる」というタイトルの通り、大阪環状線の各駅を起点に飲み歩きをしながらそれぞれの駅周辺の雰囲気を味わっているこの連載だが、ついに「大阪駅」の回となった。

正直なところ、これはこれで難しい。大阪駅は言わずもがなの巨大なターミナル駅で、駅直結の複合商業施設はたくさんあるし、個人的によく行く「大阪駅前ビル」をはじめとした地下街の広がりも魅力的なのだが、そこに行くのでは街歩きという感じがしないし……。そして、少し歩くと隣の福島駅や天満駅のエリアに入ってしまうので、大阪駅ならではの何かというのを見つけるのはなかなかの難題なのではないか。

とりあえず、いつも取材に同行してくれる編集者のMさんと「風の広場」で待ち合わせることにした。「風の広場」は大阪駅に直結する大阪ステーションシティノースゲートビルディングの11階にある屋上広場で、私はここが好きなのである。敷地内に併設されたコンビニで飲み物を買って、ぼーっと過ごすのが楽しい。

その広場から大規模な開発の真っただ中である〝うめきたエリア〟を眺めているうちに、自分が大阪に引っ越してきた10年近く前のことをふと思い出した。その頃は、JR大阪駅と梅田駅がほぼイコールであることも知らず、複雑に入り組んだ駅の構内でよく迷子になったものだ。

かつての自分を思い返して、「そうだ、中津の方へ行こう」と思った。中津は大阪駅の北側に位置し、淀川にも近い街。福島駅の回でも書いたが、私が大阪に越してきた当初からアルバイトをさせてもらっている「シカク」という書店が中津に店舗を構えていた時期があり、週に何度も家からそこまで自転車で通っていたのだ。

梅田の喧騒を離れ、落ち着いた雰囲気の中津へ

大規模な複合商業施設である「グランフロント大阪」の近くの路地裏を抜けていくようにして北へと向かっていく。

このあたりのかつての町名が残る「牛丸町筋」という通り沿いのビルの3階に「大阪スパイス&ハラールフード」というショップがあり、気になったので立ち寄ってみた。同じビルの1階にあるインド・ネパール料理店「EVEREST TANDORI」の関連店舗だそうで、店内にはインド・ネパール料理を作るのに欠かせないスパイスの数々や、生活雑貨まで、さまざまな商品が所狭しと陳列されている。

特にスパイス類の品揃えは圧倒的で、こういった専門店でしかお目にかかれないような多種多様なものが並んでおり、近隣の飲食店の方が仕入れに来たりもするそう。数種類のスパイスをオリジナルのバランスで調合した「OSAKA SPICE ORIGINAL MIX」がおすすめだと、お店の方が気さくに教えてくれた。それを美味しそうなインスタントラーメンと一緒に購入する。

牛丸町筋を北へ北へと歩き、さらに中津太子橋線という通りを歩いて行くと、大阪メトロ御堂筋線の中津駅が見えてきた。この辺りまで来ると大阪駅周辺の喧騒から離れ、落ち着いた雰囲気になってくる。

変わりゆく中津の街を感じながら歩く

自分がよく通っていた頃の記憶と比べると、中津の街並みはこの10年の間にもだいぶ変わったと感じる。

有機野菜をはじめとした食材やフード、ドリンクを販売する「GREEN POINT MARKET」（リニューアルに向けて休業中）は2022年にオープンしたというお店。こんな素敵なショップ、自分が中津によく来ていた頃にあったらなぁと思った。自家製のスパイスコーラを購入して飲むと、爽快な香りが鼻を抜けていった。

次に、築58年の建物だという「西田ビル」の2階に2023年10月末にオープンしたばかりの「toolbox大阪ショールーム」を訪ねてみることにする。

「toolbox」は、住宅に必要な建材や設備をパーツ単位で販売するショップ（そういった商品の企画・開発も行っているそう）で、東京の目白にショールームがあるのだが、2店舗目として中津の街にオープンしたのがここなのだ。

スタッフを務める豊田恵津子さん、内藤知里さんから伺ったところ、「toolbox」の商品は実際に手に取って間近に見てもらうのが一番、このショールームには気軽に遊びに来て欲しいとのことだった。

店内には、大阪の書店「スタンダードブックストア」の選書コーナーなどもあり、あちこちをじっくり見て回るのが楽しい空間だ。

豊田さん、内藤さんとも、このショールームをオープンする場として初めて中津を訪れたそうだが、新しい店と古い店が混在するこの街の雰囲気がとても気に入っているという。今のところは二人体制で忙しくしているため、街歩きをする時間がなかなか取れないのが目下の悩みらしい。

中津商店街のかわいいレストラン「ンケリコ」で一休み

お腹が減ってきたところで中津商店街へ。年季を感じる商店街で、一時はシャッターが目立つような状況だったが、ここ数年、新店舗が続々とオープンしている。

その奥に店舗を構えるカフェ・レストラン「ンケリコ」は、2013年にオープンした、中津商店街の中では古株に属するお店。清水暁さん、瞳さん夫婦が切り盛りされているお店で、季節の食材を使った美味しい料理や果実酒、ワインなどが味わえる。ちなみに「ン」から始まる変わった店名はスペイン語で〝美味しい〟を意味する「Que Rico（ケリコ）」に「mmm（ン）」という感嘆詞をつけたものだとか。

かりんを使った果実酒をソーダ割りで、「前菜5種盛り合わせ」と一緒にいただくことにした。この日の前菜5種盛り合わせは〝太秋柿と菊菜の白和え、豚肉のリエットのブルスケッタ、南フランスのポテトサラダ、3種類のにんじんのキャロットラペ、白ネギ・ベーコン・きのこ・クリームチーズのキッシュ〟の5品。どれも絶品で、かりん酒の鮮やかな後味と見事に合うのだった。

清水暁さんによれば、特にコロナ禍以降、中津商店街に新しいお店が増えてきているそう。「中津はおもしろいお店や人が集まってくる場所だと思っています。人通りが増えてこの商店街がもっと賑わってくれたらうれしいですね」と語ってくれた。

「シケリコ」を出て、商店街に2023年12月にオープンするという居酒屋「お酒とごはん てっぺんシュセン」の前で立ち止まる。貼り紙によれば、オープン前から試験的に仮営業をしているそうで、取材時も試験営業中だった。中に入ってみると、白木のカウンターが奥へ伸びる居心地のいいお店だった。「まだ真新しいカウンターがこれから使い込まれていい風合いになっていくんだろうな」と思いながら、ゆっくりと締めの一杯を味わった。

取材を振り返って

大阪駅編、どうしたものかと困って、結局は中津まで歩いてしまった。原稿にも書いた通り、私が大阪に越してきた当初、今は此花区に移転した書店「シカク」が中津商店街の中にあり、頻繁に通っていたのだ。それもあって、今でも中津商店街を歩くと感慨深い。今ではすっかり慣れた気がする大阪のことがまだ全然わからず、心細い気持ちで薄暗い商店街を歩いたものだ。商店街内の「月と太陽」というネパール料理店を別の仕事で取材したことがあるが、ダルバートが絶品だった。また、ここ数年では商店街周辺のおしゃれな雰囲気の立ち飲み店も増え、あの頃こんなお店があったら連日飲み歩いてしまっていただろうなーと思う。

大阪城公園駅編

公園を少し歩いて 鴫野の立ち飲み店に寄って 高架下でもう一杯飲む

その名の通り、大阪城公園の敷地と隣接する駅

今回下車した「大阪城公園駅」は、その駅名が何よりも雄弁に語っている通り、大阪城公園に隣接する駅だ。隣の森ノ宮駅も大阪城公園に至近であることは以前にも書いたが、森ノ宮駅が公園の広い敷地の〝南東〟の端に位置するのに対し、大阪城公園駅は〝北東〟の端あたりにある。

約1万6000人を収容可能で、スタジアム級の人気ミュージシャンがライブをする大阪城ホールに行くにも便利な駅で、そこで催しがある日は、特に混雑する。また、大阪城ホールからもほど近いエリアにある「太陽の広場」というスペースでも頻繁にイベントが開催されているので、アクセスするにも便利な駅となっている。

天気がよかったので、公園でこのままのんびりしたいところだったが、今回はあくまで取材なので、街歩きを楽しみたい。とはいえ、駅の南側に向かうとすぐに森ノ宮駅周辺エリアに入ってしまう。そこで、駅の北を流れる第二寝屋川を越えて、鴫野方面へ歩いてみることにした。

鴫野は広大な住宅地

北に向かって弁天橋を渡るとすぐに鴫野エリアだ。さっきから平然と書いている「鴫野」という地名だが、これで「しぎの」と読むのだと知ったのは、大阪に引っ越してきてだいぶ経ってからのことである。鴫野は寝屋川と第二寝屋川とに挟まれ、かつては一帯が水田だったそうで、そこに鳥の〝シギ〟がたくさんいたことが地名の由来になっている。

マンションや団地が立ち並ぶ広大な住宅街といった印象で、大阪城公園駅方面からお子さんを乗せて自転車で走っていく方の姿も目立つ。北へ行けば大阪環状線の京橋駅もそれほど遠くないという大阪の都心でありつつ、緑豊かな大阪城公園駅が近い閑静なエリアで、大型スーパーはいくつもあるし、家族連れの方が暮らすにもいい環境なのではないかと感じた。

「どこか一休みできそうなスポットはないかな」と東側へ向かって歩いていくうちに、

JR片町線（学研都市線）の鴫野駅が見えてきた。大阪城公園駅から鴫野駅までは、ゆっくり歩いても20分ちょっとという距離で、「こんなに近かったのか」と意外なほどだ。ちなみに大阪メトロ今里筋線の鴫野駅もすぐ近くにある。

今里筋の大通り沿いには飲食店が立ち並び、賑やかな雰囲気。古いお店も残る「南しぎの商店街」のアーケードをくぐり、城東小学校という学校の敷地の端に建てられた「鴫野古戦場碑」を眺めた。このあたりは、大坂冬の陣の「鴫野・今福の合戦」の舞台となった地でもあるのだ。

路地裏の立ち飲み店で乾杯

うろうろと歩くうちに見えてきた「華厳温泉」は、地下1000メートルから源泉を汲み上げているという、市内では貴重な天然温泉に入ることのできる銭湯である。今回は時間が足りなくて残念ながら立ち寄れなかったが「次は絶対に！」と胸に誓いつつ、鴫野駅方面へと引き返した。

ふとたどり着いた路地に「奈良屋酒店」という年季の入った看板が見える。その看板の下には、「奈良屋商店」という屋号のしゃれた雰囲気の立ち飲み店がある。「酒店」なのか「商店」なのか、どっちなのかわからないが、とりあえず入ってみる。

生ビールを飲みつつメニューを眺めると、フードには「合鴨ロース」や「タコス」、「生春巻き」が、ドリンクにはワインやカクテル類、地酒や焼酎の銘柄も豊富で、じっくりと楽しめそうな店だ。

聞けばこの店、昭和2（1927）年に創業した老舗だそう。最初は醤油などを売る商店としてスタートし、それが酒屋となり、いつからか敷地の一角で、いわゆる角打ちとして飲める店になっていったという（今も残る古い看板はその当時に作られたもので、現在の正式な店名は「奈良屋商店」となっている）。今の店主は4代目で、10年ほど前、「幅広い年齢層に楽しんでもらえるお店にしたい」と全面的に店をリニューアルし、今のようなバルスタイルで営業するようになったのだとか。

この地で育ったという店主によれば「鴨野はローカルな街です。地元の人が多くてみんな仲良しなんです」とのこと。その言葉通り、常連さんがやってきては、お店の方や先客と和やかに会話している様子が印象に残る。

常連さんの一人が愛飲しているという新潟県・菊水酒造の「にごり酒 五郎八」を私もいただいてみることに。にごり酒とは思えないほどすいすいと飲みやすく、おつまみとして注文してあったチーズのたっぷり乗ったトマトピザとも意外に好相性だった。「美味しいやろ！口当たりいいさかい、飲んでまうけどな、三杯飲んだらころっといくで！気いつけや」と、常連さんの気遣いもありがたい、居心地のいい店だった。

高架下の居酒屋でもう一杯飲んで大阪城公園駅へ

「奈良屋商店」を出て、鴫野駅の高架下エリアへと向かってみる。お酒が飲めそうな店がいくつかあった中で、「串とビール たかよし」の大きな暖簾に惹かれ、入ってみることにした。

店内は予想以上に広く、大きなコの字カウンターと、奥にはグループで食事ができるお座敷席もある。席数は多いが、基本的に店主はいつも一人でこのお店を切り盛りされているそうで驚く。

居酒屋の定番的な一品料理から、串揚げ、焼き鳥とメニューも豊富で、店内のあちこちから入るさまざまな注文を、店主がとんでもない手際のよさで捌いていく。その様子にうっとりと見惚れていると、私の注文した「おまかせ串揚げ五本盛合わせ」がいつの間にかできあがって運ばれてきた。

この日の盛り合わせの内容は、しゅうまい、エリンギ、ホタテ、豚、カボチャ。衣が厚すぎず、素材それぞれの味がしっかり感じられて絶品だった。気になって注文した「玉めん」は、いわゆるモダン焼きのような、麺の入ったお好み焼きだったのだが、麺がパリパリに焼かれていて食感もよく、酒のつまみになる一品である。

注文の落ち着いたタイミングを見計らって伺ったところ、店主は生まれも育ちも鳴野だそうで、この店を始めて8年になるという。「まあ、何もない街ですけどね」と笑った後、「でも、スーパーの『コノミヤ』の1号店は鳴野なんですよ」と、豆知識を教えてくださった。

2025年に鴫野からも遠くない森ノ宮エリアに「大阪公立大学」の広大なキャンパスが開設されることを受け、「これからもっと鴫野を盛り上げていきたいですね」とおっしゃっていた。

大満足してお店を出た後、再び大阪城公園駅へと歩いて帰ることに。鴫野駅前の賑やかさを離れるとすぐに静かになり、10分ほど歩いて川を超えればもう大阪城公園駅だ。〝公園に行くのに便利な駅〟だとばかり思っていた大阪城公園駅から少し歩けば鴫野に飲みに行けるなんて。いいことを知った一日だった。

取材を振り返って

その後、日を改めて文中に書いた「華厳温泉」に入りに行った。そこもいい雰囲気だったし、調べてみると鴫野には「新宮温泉」や「不動の湯」といった銭湯があることがわかり、いっきにハシゴ風呂をして楽しんだ。鴫野、大阪城公園駅からこんなに近いのだということを知って、いっきに自分の中で距離感が近くなった。居心地のよかった立ち飲み「奈良屋商店」にもまた行きたいし、銭湯にゆっくり入って、湯上がりの酒を飲むコースを組み立ててまた再訪したいと思う。

桜ノ宮駅編

大衆酒場で飲んで
メキシコ料理店で飲んで
商店街のダイニングで飲む

駅のすぐそばを流れる大川沿いに桜並木が続く

大阪環状線の天満駅と京橋駅に挟まれた桜ノ宮駅の駅前は、両隣の二つの駅に比べるとかなり静かだ。駅の西口からほど近い位置に大川が流れており、川沿いの遊歩道には桜並木が長く続いている。そのため、桜が咲く季節には花見客で賑わう駅となる。また、大阪の夏の風物詩である天神祭の花火がよく見えるスポットとしても有名で、その当日ともなれば大変な混雑ぶりだ。

しかし、春と夏の特別な時期を除けば特に駅前が混み合うようなことはなく、閑静な住宅地が広がるエリアになっている（とはいえ、駅の南口には本格的なベトナムの味が楽しめる「BanhMiWin」が、北口にはラーメン通の厚い支持を集める「光龍益」があったり、いくつかの居酒屋や喫茶店、寿司屋も点在している）。

桜ノ宮駅から北東方面に10分ほど歩くと大阪メトロの都島駅があるため、JRと地下鉄が併用でき、交通の便はいいエリアだ。キタエリアの繁華街にアクセスしやすい割に、梅田や天満の喧騒からはほど遠く、静かで落ち着いた街並みだ。

生活に必要なものは都島駅周辺で大抵揃う

桜ノ宮駅をスタート地点に、都島駅方面へと歩いてきた。大通りに面して多くの飲食店、ドラッグストアやコンビニが並び、さらに北方面に向かえば複数の大型スーパーがある。フードコートや家電量販店の入った複合商業施設「ベルファ」もそれほど遠くない距離だ。

周囲にはマンションや集合住宅も多いが、生活をするために必要なものはたいてい都島駅周辺で手に入りそうである。下校中の小学生たちの姿を眺めつつ、細い路地をあちこちに散策して「七曜書房」という古い町の書店で本を買った。その後、すぐ近くにある大衆酒場「酒の大丸」で一休みすることにした。

ここは創業昭和44年の老舗で、BS-TBSの人気番組『吉田類の酒場放浪記』で取り上げられたこともある店。コの字のカウンター席のほか、テーブル席、座敷席もあり、軽く一杯飲みたい時も、ちょっとした宴会にも利用しやすそうだ。

タラきのこあんかけとほうれん草のおひたしのなんとも落ち着く味わいに、ちょっと濃い目のチューハイがぴったりと合い、気持ちがほぐれていくのを感じた。家族連れのお客さんがお店の方と仲良く話している様子を見て、さらに心が和む。

桜通商店街にポツンとあるメキシコ料理店へ

「酒の大丸」を出て、都島駅近くのアーケード街・桜通商店街へとやってきた。駅から近い好立地ではあるものの、シャッターを下ろした店が目立つ通りである。とはいえ、惣菜を売る店、鮮魚店、ふとん店など、営業しているお店もちらほらとある。

商店街の奥まで歩き、この商店街の雰囲気の中にあるのがちょっと不思議にも感じられる「カンペチャーノ」というメキシコ料理店に入ってみることにした。

ジューシーなチキンタコスにピリッと辛い自家製のサルサをかけて頬張りつつ、幼い頃からこの辺りで遊んでいたという店主の後藤治さんにお話を伺った。

それによると、後藤さんは商店街の近くに店舗を構える「大阪王将 都島店」の店主としても40年以上お仕事をされているそう。それが、バックパッカーとして世界を旅していた息子さんがメキシコの文化に魅入られたのをきっかけに、後藤さんご夫婦もメキシコに興味を持ち、メキシコ出身の友人に教わる形で現地の料理を作るようになったのだとか。

2020年5月に現在の店舗でメキシコ料理店を開き、当初は息子さんもお店に立っていたそうだが、その後、息子さんはメキシコの企業に就職することになり、今は夫婦二人がお店を引き継ぐ形で営業している。本格的な味わいが評判を呼び、海外からのお客さんも多いという。

「ブランコ」「レポサド」「アネホ」という、熟成度合いの違うテキーラを飲み比べられるセットがあるというので飲ませていただいた。なるほど、爽快な味わいの「ブランコ」から、樽で2か月以上熟成させた「レポサド」、1年以上熟成させた「アネホ」へと、どんどん香り高く、まろやかな味わいになっていくのが感じられる。

その後も、メキシコの蒸留酒「メスカル」を飲みつつ、そのおつまみとして相性抜群の「ワカモレ」をいただき、徐々にほろ酔い状態に。

商店街のこれからを感じさせる「パンク食堂」

締めの一杯をと、同じ桜通商店街に2022年10月にオープンしたダイニング「パンク食堂」に立ち寄った。木材の風合いを生かした外装・内装が素敵なお店で、自由な発想で作られた多彩なおつまみ料理を、バリエーション豊富なお酒類と一緒に味わうことができる。

「あつあつウナギのポテトサラダ」「薬味まみれの揚げ出し豆腐」「タイ風豚肉パクチーサラダ」と、これはメニューの一部を抜粋しただけだが、これだけでもうこの店でおつまみを注文する楽しさが伝わるはず。

今回は「大葉のジェノベーゼ風水餃子」を、スパイス焼酎のソーダ割りと合わせつついただくことにした。モチモチした食感の水餃子に大葉の爽快な香りが鮮やか。豚足や、パスタのかわりに二八蕎麦を使った「蕎麦パス」もこの店の名物だと聞いたので、今度はそれを食べに来たいと思った。

「カンペチャーノ」の後藤さんは、「パンク食堂」をはじめ、この商店街に近年オープンしたお店の方々とも知り合いらしいのだが、かつては賑わっていたという商店街のことを回想しつつこんな風に語っていた。

「この辺りは市場もあったし映画館もあったし、昔はむちゃくちゃ賑わってたんですよ。それが、高齢化もあって徐々にシャッター街になっていったんです。でも都島は立地もいいし、商店街にもここ1、2年で新しい店が増えてきていますから、『あそこに行ったらなんかある』と思ってもらえる場所になったらええなと。来月にはイタリアンもオープンしますし、これからいい方に変わっていくと思います」

そんなお話を思い出しつつ、桜ノ宮駅〜都島駅周辺の今後を想像しながら帰路につくことにした。

取材を振り返って

桜ノ宮駅は私の生活圏内にあり、それゆえ、アプローチの仕方がなかなか難しかった。文中に書いたように、駅前が特に賑やかだったりするわけでもなく、用事のない人にとってはまったく降りることのない駅だと思う（かつては桜ノ宮といえば駅の南側にあるラブホテル街が有名だったらしいが、時代の変化か、今はその数を減らしている）。この連載で、私は駅周辺の飲食店を主に訪ね歩いているのだが、桜ノ宮駅周辺にそういった店は少ない。しかし、その近くで暮らしてきた自分は、駅前が賑やかであるかどうかは暮らしやすさにあまり影響しないことを知っている。むしろその静かな雰囲気こそ、私の好きなポイントだったりする。取材者としてあちこちの駅を訪ね歩いては目立つものを探して歩いているが、暮らしやすさの基準はパッと見て目に入るような派手な要素とは別の部分にあるのだと、桜ノ宮駅を生活圏内にしているからこそわかるのだ。

ゆ
駐車お断り

寺田町駅編

古い銭湯の建物を眺めて たこ焼きを食べて 角打ちで一息つく

駅前は賑やかで、長く続く商店街がある街

大阪環状線の寺田町駅は、天王寺駅と桃谷駅の間に挟まれている。隣の天王寺駅は巨大なターミナル駅であり、駅周辺にも繁華街が広がっているが、寺田町駅はそれに比べると乗降客は少なく、その代わりに生活感の漂うエリアである。

ちなみに、寺田町駅の外回りホームには1932年に寺田町駅が開業した当時のものだと思われる古い駅名標が展示されている。これは2015年に行われた駅舎改良工事の際に偶然発見され、寺田町駅の長い歴史を物語る〝鉄道遺産〟として保存されているものである。

駅の北口前の大通り、奈良街道に沿ってチェーン店を含む飲食店が立ち並び、駅の高架下には量販店の「ドン・キホーテ」が入っていたりと、駅前は賑やかな印象。そこから奈良街道を東南方向へしばらく歩いていくと、複数の小さな商店街で構成される「生野商店街」の入り口が見えてくる。

昔ながらの街並みに新しいお店も

生野商店街と総称される商店街の中でも寺田町駅側から最も近いのが「生野本通商店街」だ。1928年に「生野公設市場」が開設され、その周辺に並んだ露店群が生野本通商店街の前身となっているとのこと。商店街沿いには古くから営業を続ける老舗がちらほらと残っている。入口ゲートには「しょーたくん」というキャラクターが描かれている。しょーたくんは、聖徳太子の子孫という設定で、聖徳太子が四天王寺を参拝する際にこのルートを通ったという言い伝えに由来しているそう。ちなみに寺田町駅から四天王寺までは、奈良街道を西方向へ向かって徒歩10分ほどの距離である。

さらに奥へと少し進んだ右手の路地奥には「源ヶ橋温泉」という銭湯の建物が見える。この源ヶ橋温泉、惜しまれつつ2020年に廃湯してしまったが、その建物は登録有形文化財に指定され、現在も残されている。二体の自由の女神像が対になって建物の上部に設置された、インパクトのある外観を眺めることができた。廃湯となった今も、写真撮影やイベントなどに貸し出されることがあるそうで、取材時もドラマの撮影が行われているところだった。

建物の目の前では「源ヶ橋 そと」という古い古民家を改装したお蕎麦屋さんを近日中のオープンに向けて準備を進めているところだった。このように、昔ながらの雰囲気が残るこの商店街周辺に魅力を感じ、新たにお店を開く若い方も増えているようだ。

団地の下のたこ焼き店で一休み

生野本通商店街から枝分かれした「栄通商店街」の中の一店、豆腐を売る「高部商店」で豆乳を買って飲んでみる。私はかつてこの店の豆腐を買って食べたことがあり、大豆の風味が濃くてとても気に入っていた。豆乳の味わいも濃厚で、かつ飲みやすくて、とても美味しい。この地で74年も営業されている老舗だそうで、お店の方が元気の秘訣について「毎朝豆乳を飲むことです」と語ってくれた。

「生野本通中央商店街」「生野本通センター街」「ベルロード中銀座商店街」と、複数の商店が連なりながら長く続くアーケードを歩き、シャッターアートを眺めつつしばし散策を続けた。商店街の終点まで行って引き返し、脇道の先に見えた集合住宅の1階部分に店を構える「たこ焼きごめんやす」というお店で一休みしていくことに。

店主の中道さんが気さくに迎えてくれたこの店、朝11時からご近所のお年寄りたちで賑わうそうだ。取材日は月曜だったのだが「この商店街は半分が月曜休み、半分が火曜休みの店が多いんですよ」と、商店街にシャッターを下ろしたお店が目立っていた理由もここでわかった。いか焼きとたこ焼きをいただきつつ、冷えた生ビールをゴクゴクと飲む。

生まれも育ちも寺田町周辺だという中道さんは「この辺はほんまに住みよいところですよ」とおっしゃっていた。「公園も幼稚園もお風呂屋さんもいっぱいありますし、バスもあちこち行くので年配の方が暮らしやすい街です。この店に来るのもおじいちゃんおばあちゃん方で、みんなほんまに元気です。ビールも飲む、ワインも日本酒も飲むし、『一緒に飲みに行こう』って言われるし(笑)めっちゃ元気」とのこと。

商店街のこれからを想像しながら駅へと歩く

また、寺田町周辺にはインターナショナルスクールが増えており、海外にルーツを持つ人々が増えてきているのを感じるという。高齢者向けのマンションなども建ち、さまざまな人々が生活しやすい環境になりつつあるそう。一方で、生野商店街を昔から見てきた中道さんからすると、古いお店が少しずつ無くなっていっている現状に寂しさも感じるようだった。

「昔は大阪でも5本の指に入る有名な商店街でしたから。大晦日になるとみんな散髪行って、風呂屋に行って、子ども連れて買い物行って、朝まで活気があってね」とかつての様子を教えてくださった。自転車に乗れば天王寺まですぐという立地ゆえ、時代の流れとともに、個人商店ではなく大きなショッピングセンターで買い物をする人が増えていったという変遷があるようだ。

「今はもう昔からの地元の人より、新しく（お店を）やってる人の方が多いんちゃうかな。これからは激戦区ですよ」と、中道さんは今後、再び商店街が賑わっていくのを楽しみにされているそうだ。

「今度、月曜と火曜を外してまた商店街を歩いてみよう」と思いながら、再び寺田町駅へと引き返した。「たこ焼き ごめんやす」の中道さんも「あそこは老舗ですよ！」とおっしゃっていた「お好み焼 千代」に惹かれつつも、駅を北西へと少し通り過ぎたところで、「酒井酒米店」というお店が目にとまる。なんとなく中を覗いてみると、店の奥にのれんがかかっており、「酒井酒店」という屋号で角打ちをしている様子。ここで締めの一杯を飲んで行くことにした。

創業60年以上になるという老舗で、店内には親しみを感じるような雰囲気が漂っていた。レモンチューハイをいただきつつ、シャキシャキと心地いい食感のオクラのおひたしを食べていると、周囲の席からこの街で暮らしている方々の会話が聞こえ、「近くにこんな風に気軽に立ち寄れそうなスポットがあってうらやましいな」と思うのだった。

取材を振り返って

「たこ焼き ごめんやす」の中道さんから、月曜と火曜は商店街に休みの店が多いと教わった。取材したのは月曜日で、しかも雨が強く降っていたこともあってか、商店街には静かな雰囲気が漂っていた（アーケード街なので雨に濡れずに歩けるのだが）。立ち寄れそうなお店がなかなか見つからず困ったが、それゆえに中道さんのお店を見つけられたのだった。たくさんお話を聞かせていただき、ありがたかった。ちなみに、すでに廃湯していた源ヶ橋温泉に、私は営業中に一度だけ入ったことがある。内部もモダンな造りで、綺麗な庭があって、風呂上がりにぼーっとそれを眺めるのが気持ちよかったのを覚えている。かつて、寺田町周辺には風呂なしの長屋が多く、そこに住む人たちにとって、源ヶ橋温泉は大切な場として愛用されてきたという。時代の変化には抗いようもないが、せめて少しでも長く、この唯一無二の建物が保存されることを願いたい。

NAKAGINZA
ひろ寿司
ベルロード
ベルロード 中銀座
永和信用金庫
和牛の末広
1-40

やき芋
始めました
110
営業中
やき芋
いか焼
やきいも
いか焼き
¥800

京橋駅編

豆乳を飲んで 立ち飲み屋で芋焼酎を飲んで さらにもう一軒

京阪電車や地下鉄への乗り換えにも便利で賑やかな駅

冒頭から個人的な話で恐縮だが、私が10年ほど前に東京から大阪へと越して来た当初、とにかく驚いたのが天満駅と京橋駅周辺の居酒屋の充実ぶりだった。

天満駅も京橋駅も、多数の飲食店が駅前にひしめき、お昼前から営業している居酒屋もたくさんある。大阪はなんて活気に溢れたパワフルな場所なんだ……と、最初に衝撃を受けたのが天満と京橋という二つのエリアだった。

大阪で暮らすうち、天満と京橋はそれぞれに異なる雰囲気を持つ街だと思うようになった。おしゃれな飲食店をめがけて若い方が集まるようになったとはいえ、同時にうっすらと生活感が漂う天満に比べ、京橋はもっとエネルギッシュで雑多な街だというイメージから、歓楽街という言葉が頭に浮かぶ。行き交う人々を眺めていても、京橋の方が老若男女と年齢層が幅広い人と感じられる。

そのため、天満へも京橋へも同じぐらいの頻度で飲みに出かける私は、天満に行く時は割とフラットな気分で、京橋に行く時は「よし！行くぞ！」と、ちょっと気合を入れて臨むのである。

大阪環状線の京橋駅のメイン出口は北口で、この北口界隈に最も多くの飲食店が密集している。京阪電車や大阪メトロ鶴見緑地線の乗り換えにも便利で、移動の途中に京橋駅を経由していく人も多そうだ。ちなみに駅の南側すぐを寝屋川が流れており、川を越えて南へ進むと、城見、鴫野といった方面にたどり着く。

路地をうろうろしながら新京橋商店街へ

さて、まずは駅北口側の喧騒を眺めつつ歩き出してみよう。東側に歩くと「立ち飲みストリート」と呼ばれる活気あふれる飲食店街があったり、細いアーケード街をうろうろしているうちに「京橋はええとこだっせ、グランシャトーがおまっせ♪」という、東京出身の私ですらなぜか知っているCMソングで有名な商業ビル「グランシャトー」が見えてきたり。とにかく情報量の多い一角である。

京阪電車の高架下に広がる「エル京橋」という飲食店街に沿って歩いていくと、向こうに「エディオン京橋店」の大きな建物が見えてくる。繁華街としての印象が強い京橋駅だが、このあたりまで来ると、意外にも住宅が多いのに気づく。周囲には高層マンションもたくさん見える。

国道1号線の大通りを渡り、西方向へと歩いていくと「ビギン京橋」という愛称のアーケード街「新京橋商店街」にぶつかった。この新京橋商店街の雰囲気が私は好きで、たまに散歩する。住宅街とも近いためか、駅前の活況とは少し違って、のどかな空気が流れている気がするのだ。

「新京橋商店街」から繋がる「リブ・ストリート（京橋中央商店街）」へと歩き、創業50年以上になるという老舗豆腐店「のとや豆腐店」で美味しい豆乳をいただいた。良い豆腐屋さんがある界隈は暮らしやすい街だ、というのが私の説である。

さらに北へと進むと、アーケード街の切れ目近くに「橙（だいだい）」という立ち飲み店があったので入ってみることにした。

駅前から歩くごとに表情を変える京橋の街

橙は、気さくな女将さんが一人で切り盛りされているお店で、オープンから5年ほどになるそう。以前はレンタルのキッチンスペースとして使われていたという空間を、厨房設備をできる限りそのまま活かす形で改装したという。

料理上手の女将さんが用意する日替わりメニューが売りで、ひと手間かかった小鉢が、どれも手頃な価格で提供されていた。旬のタケノコを使った「筍とベーコン炒め」をいただきつつ、まずは生ビールで喉の渇きを潤すことにした。

飲食業界に携わり、ご自身もお酒が大好きだという大阪育ちの女将さんが、馴染みのあるこのエリアに自分の店を出したいと考えてオープンしたのが橙なのだと、そんな話を聞かせてもらった。

京橋駅からは少し離れている場所ですが、それゆえに穏やかな雰囲気で営業できているそう。「うちは常連さんが多いんです。私自身、個人店が好きなので、こういう店が好きな方が来てくれることが多いですね。このあたりには駅前よりも落ち着いた雰囲気を求めてくる方が多いと思います」とおっしゃっていた。

カウンターにずらっと並ぶ焼酎のボトルはどれも珍しい銘柄ばかり。「日本酒を色々出している居酒屋さんが近くに多いのでうちは焼酎に力を入れていて、他ではあまり置いていないものを選んでいます」と、焼酎のラインアップでこの店ならではの特色を出そうと考えたという。おすすめの芋焼酎「だいやめ」をロックでいただき、その華やかな香りを堪能した。

「平日は少し早めの15時からオープンしていて、この辺は月曜休みのお店が多いのでうちは火曜休みにして、そういうところでも他のお店との違いを出しています。隙間、隙間を狙って（笑）」とのこと。すごく居心地のいいお店だったので、また散歩のついでに立ち寄ってみようと思った。

「橙」の女将さんがおすすめしてくれた「立ち飲みとおる」で締める

橙を出て、再び商店街を歩いた。女将さんが「あそこはメニューが豊富でどれも美味しくて、飲みに行くと勉強になるんです」と教えてくれた「立ち飲みとおる」へ向かってみる。ちなみに、女将さんは「最近、エディオン（京橋店）の裏手が『裏京橋』って言われて、お店が色々できているんですよ」とも教えてくださり、それはそれで非常に気になったが、そちらへはまた別の機会に行ってみることにしよう。

立ち飲みとおるは細い路地に沿った、お客さんが10人ほど入れば満員かというお店だが、橙の女将さんがおっしゃる通り、魚介類を中心として、ホワイトボード2面に渡ってたくさんのメニューが並んでいて胸が高鳴った。

「カンパチとアサリのアクアパッツァ」をシークワーサーサワーのおつまみにいただくと、旨味がギュッと凝縮されたような味わいで、かなりのスピードでお酒が進んでいく。隣のお客さんがズワイガニを丸ごと焼いてもらって食べているのをうらやましく眺めつつ、「よし、今度はここにお腹いっぱい食べにこよう」と心に誓った。

ほろ酔い加減で店を出て、「ビギン京橋」のマスコット的存在である「真実の口」の前で記念撮影をして、再び京橋駅前の喧騒へと戻ってきた。今回は駅の北側エリアのほんの一部を歩いたが、この街だけで散策記事がいくらでも書けそうな、京橋の奥深さを感じる取材になった。

取材を振り返って

だいぶ経って、この記事をWEB掲載時に読んで下さった方から「橙」に行ってきたとメッセージをいただいたことがある。女将さんは取材のことを覚えていてくださり（私もその後、お店に伺った）、記事を読んできてくれたことをとても喜んでくださったという。そして「同じようにあの記事を読んでくれた人が他に3人いました！」と。もしかしたら私の記憶違いで、2人だったかもしれないが、とにかくそのリアルな数字がかえって嬉しかった。私の生活拠点は京橋にもかなり近く、そのため日常的に駅周辺を歩く。好きな店もたくさんあって、いつ行っても活気あふれる駅前の串揚げ「まつい」や、ローカルチェーン酒場の「得一 京橋店」「丸一屋」も好きだし、立ち飲みストリートの有名店「岡室酒店」にも毎度圧倒されるし、もちろん、気になりつつまだ行けていない店が無数にある。

弁天町駅編

コロッケを食べて地ビールを飲んで立ち飲み店へと歩く

大阪市の西側・港区に位置する意外に便利な街

かつてこの地に祀られていた弁財天が地名の由来になったという弁天町。個人的には普段あまり足を延ばすことがないものの（だからこそか）、たまに歩くと新たな発見がたくさんある印象だ。大阪環状線の弁天町駅から大阪メトロ中央線の弁天町駅へと乗り換えることができ、中央線に乗ってもう少し西へ向かうと天保山がある、港湾にもほど近いエリアである。

駅を降りてまずは北側へと歩いてみる。ところどころに高層マンションが見えるものの、低い建物も多く、昔ながらの住宅街といった風景だ。古くから営業を続けているらしい町工場などもたくさんあり、お隣、西九条駅周辺の雰囲気に近いものを感じた。

のんびり15分ほど歩いて安治川沿いに出ると、川のすぐ向こうに西九条駅近くの大型スーパーが見えたりして、二つの駅の意外な距離の近さに驚いた。

波除公園を通って再び駅前まで引き返していく。駅前に国道43号線と中央大通という、

2つの大きな道路が交差していて、その周囲には大きな病院や高層ビルが建っている。なかでもその規模の大きさから周辺のランドマークとなっている大阪ベイタワーに立ち寄ってみた。

ビルの内部にはオフィスフロアやホテルもあるが、「空庭温泉」というスーパー銭湯があったり、飲食店や書店、100円ショップなどもあり、買い物に便利な複合商業施設として利用客を集めている。また、港区役所や図書館、税務署といった公共施設も駅から遠くないエリアに集中しており、駅周辺に生活に必要なものが揃っている印象だ。

昔ながらの面影を残す繁栄商店街へ

駅前の道路は道幅も広く、歩いて反対側へ渡るのが少し大変なのだが、地下道を利用すると行き来が楽だった。地下道の案内板に「繁栄商店街」という文字列を見かけ、そこを目指してみることにした。

繁栄商店街は駅の南側、市岡エリアに位置する味わい深いアーケード街。商店街ができたのが1952年で、70年以上の歴史があるのだ。なかほどには、奈良のマスコット「せんとくん」を手掛けた彫刻家・籔内佐斗司さん作の韋駄天像（いだてんぞう）が祀られていた。商店街のシンボルとして、2010年に建立されたものだそう。

その商店街には「ばあちゃんコロッケ」というお店があり、コロッケを買って軒先で食べられるようなので立ち寄ってみる。店のはす向かいで今も営業を続ける老舗寝具店の長女として生まれた店主・近藤由香利さんが、店舗が減って徐々に寂しくなってきた商店街を盛り上げるべく、2017年にオープンした店なのだとか。

いただいたコロッケはじゃがいもの甘みが感じられるホクホクした味わい。弁天町のご当地品だという三晃ソースのウスターソースもおすすめとのことなので買ってみる。

近藤さんは子どもの頃からこの商店街を見て育ってきて、「自転車では通られへんかった」というほどに賑わっていた昔が懐かしいと語ってくれた。

「生鮮食料品を売る店が商店街にできたらいいなと思っています。昔はそういうお店がたくさんあったんやけどね。若い人にも来てもらって、もっとお店が増えて欲しい！」と、今後この商店街が活気づくことを期待されていた。繋栄商店街とクロスするように伸びる南市岡11番街とともに今後も散策しつつ、変化を眺めてみたい界隈である。

地ビールをいただきつつ、賑やかな立ち飲み店で一杯

繋栄商店街からさらに南へ、尻無川にも近い方へと歩いていくと「地底旅行」という不思議な屋号のお店が見えてきた。どうやら、地下から湧き出る温泉水を使った弁天町の地ビールが飲めるお店のようだ。ここでしばし休憩していくことにして、飲みやすく香り高いピルスナーで喉の渇きを癒した。

この店の広い敷地内にはビールの醸造施設があり、その一部を眺めることができる。その反対側の窓からはすぐ近くに建つ背の高いマンションが見え、なんとも不思議な対比だった。リーズナブルにお酒やおつまみが楽しめるお店のようなので、今度また

大勢で来てみたいと思う。

さらにもう一軒、少し北側に戻った位置にある「立呑み 木村屋」に寄っていくことにした。創業60年以上になる老舗酒店の角打ちスペースを、8年ほど前に3代目店主である木村勝さんがリニューアルして営業しているお店だ。

屋号には〝立呑み〟とあるが、カウンター席には椅子が置かれ、腰をおろしてお酒を飲むこともできる。おつまみ類が豊富で美味しいのもこの店の特徴で、「エビのむき身や玉ねぎをフードプロセッサーにかけて、食パンに塗って揚げたもの」だという名物・エビパンは絶品だった。

店主の木村さんいわく、弁天町は「下町なんですけど、便利な下町です」とのこと。「なんばまでは自転車で行けるし、梅田へは環状線ですぐでしょう。この便利さをみんな知ってきているんでしょうね。最近はマンションがどんどん建っています。これからは万博のハブステーションにもなるし、活気が出てくると思います」と、今後の展望も含めて語ってくれた（弁天町駅は大阪・関西万博の会場へ向かう際の乗り換え駅になるため、改良工事を進めており、2025年春には新駅舎が完成する予定だ)。

地元の方だけでなく、あちこちからこの店を目指してお客さんが来るそうで、「神戸方面から来てくれる方も多いんです。僕、神戸が好きなんで、神戸の方がいい店あるやろ！と思うんですけど(笑)。最近はインバウンドのお客さんも多くて、一日に何組もいらっしゃいますね。この前はロシアから来たお客さんもいましたよ」

「弁天町はいい店があちこちに点在しているんです。港湾で働く人たちに昔から愛されてるお店もありますし、探せば探すほどっていう感じで。弁天町もそうやし、今は港区全体におもしろいことをしようとしている若い人が増えていて、港湾の立地を生かしたイベントを企画したり、最近、いいんですよ」と、そんなお話を聞かせていただきつつ飲む「コーヒー焼酎のソーダ割り」が美味しかった。

ほろ酔い気分で店を出て、夕暮れのベイタワーを見上げつつ駅へと戻る。エリアごとに街の雰囲気が違い、歩くほどにおもしろい何かが見つかる弁天町。これからもっと足繁く通ってみようと思った。

取材を振り返って

この取材の後、弁天町に行く機会があった。駅の北西、港湾近くにある「井筒食堂」という老舗の食堂でお昼ご飯を食べに行くのが目的だったのだが、初めて行ったその店があまりに素晴らしかった。広い店内の中央あたりに惣菜のお皿がずらっと並び、お客さんが思い思いのカスタム定食を作れるようになっている。そういうスタイルの食堂はたくさんあるが、毎日50種類以上も用意されているという井筒食堂の品数の豊富さには目を見張った。また、お店の方が気さくで、瓶ビールをちびちびと飲んでいた私に、おつまみをサービスしてくださったりした。平日の日中しか営業していないのでハードルが高い店だが、取材時に知っていたらここにも立ち寄りたかったなーと思ったので、ようやく記事にできて嬉しい。取材時に立ち寄った繁栄商店街の入り口にある「手打ちうどん きぬや食堂」もまた名店だと聞くので、今度はそっちへも行ってみたい。

LIQUOR GOODS
木村屋
TACHINOMI
木村屋
TACHINOMI
KIMURAYA
TACHINOMI
KIMURAYA
立呑み
木村屋
キリンビール

Please come in!
O·P·E·N

今宮駅編

角打ちで飲んで食堂で飲んで居酒屋でまた飲む

大阪環状線の中では乗降客数が少ない駅だが意外に便利な立地

大阪市浪速区大国に位置する今宮駅は、大阪環状線の中でも乗降客数が少ない部類の駅である（国土交通省の2023年時のデータでは、大阪環状線全駅の最下位となっている）。

というのも、明治時代からの歴史を持つ今宮駅は、長らく関西本線の駅として存在していた。1961年には関西本線の貨物支線などを利用して大阪環状線が開通し、芦原橋駅と新今宮駅が新設された。そしてその間にある今宮駅にも後から大阪環状線のホームができ、というちょっと複雑な経緯をたどっているのだ（自分で書いていてもややこしい）。

もとから別の路線として存在していた駅だけど、その後に同じルートを使った大阪環状線ができて、最初は通過されていたけど、後に大阪環状線も停まるようになった、と要約するとそんな流れなのだ。芦原橋駅と新今宮駅ができた際に今宮駅が廃止される計画もあったそうだが、近隣住民の声によって撤回されたのだとか。

今宮駅が大阪環状線の停車駅になったのは1997年のことで、現時点で大阪環状線内で一番新しい駅が今宮駅である。と、長々と書いてきて何が言いたいかというと、そのような経緯をたどってできた駅のため、隣り合う芦原橋駅と新今宮駅がどちらも歩いていけるほどに近い、というのも乗降客数が少ない理由だと思われる。

裏を返せば、芦原橋駅にも新今宮駅にもほど近い立地ということになる。大阪メトロ大国町駅も徒歩圏内に入るため、3つの駅をうまく使い分ければ移動や買い物にも便利そうだ。

住宅街が広がる駅周辺エリア。西側には団地群も

駅の目の前、西側にはホームセンター「コーナン」の大型店舗があり、「コーナン」の大きな文字がホームからも見える。まずはその駅の西側を歩いてみることにした。

大きな団地が立ち並び、あちこちに公園があって、そこでのんびりと過ごしている人の姿が見えた。自転車に乗っている人の姿も多い。今宮駅前にたくさんの商店が立ち

並んでいるわけではないから、買い物などするには大国町やなんば、新今宮駅方面を目指すと便利で、どこも自転車に乗れば10分圏内といったところだろう。

ベトナム食材などを扱うお店がちらほら見え、海外から日本に来て暮らしている人々にも便利なエリアになっている様子だった。

今宮駅まで一度引き返し、今度は駅の東側へ歩く。10分もせず、大阪メトロの大国町駅周辺にたどり着いた。「よしのや酒店」という酒屋さんに角打ちスペースがあったので、そこで瓶ビールを飲ませてもらうことにした。

おつまみ類も豊富に揃う店で、鯛のお刺身の新鮮さと、きゅうりの古漬けの深い味わいに驚いた。吉野杉から作られているという箸のいい香りも、美味しさに彩りを添えてくれる。活気もありつつ、落ち着いてのんびりした気分に浸れる素晴らしいお店だった。こんな店が近所にあったらなと思う。

大国町から北へ歩けばすぐなんばで、南へ進めば新今宮駅も近い。このあたりは、今宮駅の西側を歩いて感じたのんびりしたムードとは打って変わって賑やかだ。ここ最近では〝ガチ中華〟などとも呼ばれる本格的な中華料理を出すお店もちらほら増えているようで、そういうお店に入ってみるのも楽しそうだったが、国道25号線の大通り沿いに「えびす食堂」という食堂を見つけ、そこで一休みしていくことにした。

定食類もあればお酒のおつまみに最適な一品メニューも豊富に用意されたお店で、店内の照明は抑えめ。落ち着いた雰囲気でゆったり食事ができた。小ぶりでぷりぷりした食感の餃子とエリンギバターをつまみつつ店内を眺めると、お勤め帰りらしき人も、お酒を飲みながらゆっくり会話を楽しんでいるグループも、親子連れもいて、それぞれが好きなスタイルで過ごせるこんな店があることがありがたく思えた。

再び今宮駅へ戻り、地元出身の店主が営むアットホームな酒場へ

もう少し今宮駅周辺の雰囲気を味わってみたいと思い、再び駅の方へと歩いた。気づけば割と遅い時間になっていたこともあり、駅前には今の気分にしっくりきそうな飲食店がなかなか見当たらない。「中の様子が見えないスナックに飛び込んでみるか！」

とも思ったが、もう少し入りやすそうなお店を探してみようと、駅の南側、国道43号線まで出てみることに。

「楽笑酒場」という店の看板が明るく灯っていたので、そこへ入ることにした。通りを挟んだ向こうには「ニトリ」の大型店舗が建っている。

店内には家族連れのお客さんがいて、子どもたちが店のモニタを使ってゲームをしている。家庭的な雰囲気に、早速気持ちが和んだ。

ビールをいただきつつ、店主の福山さんにお話を聞かせていただいた。福山さんは大阪の料亭で修行を積み、北海道のフレンチレストランでもお仕事をされていたそう。地元はこの店の近くで、3年ほど前、北海道から戻ってきて自分のお店をオープンしたのだとか。

今宮駅周辺エリアについて話を伺うと「なんか危ない街みたいなイメージがあると思うんですけど（笑）あったかみがあると思いますね。うちのような居酒屋でも、大人と一緒に子どもが来て遊んでいてもいいし、そういう感じがある場所というか」とのこと。

この街で育った福山さんにとって今宮駅あたりは「すごく立地のいい場所」だそうで、「天王寺もなんばも近いですし、梅田も大国町から地下鉄に乗ればすぐですし。めっちゃ便利やと思いますね。家賃も安いし」と語ってくれた。10代の頃はよく天王寺駅前の「あべのキューズモール」まで遊びに行っていたそう。

一方、ここ数年での変化も感じているらしく、「昔と比べたら変わってますね。綺麗になってると思います。マンションもばんばん建ってますし、新今宮駅前とか、海外の人もたくさんいて観光地っぽくもなってますし。今宮駅の方もAirbnbをやってるところがたくさんあって、海外からの人が多いみたいです」という。

その後も、常連さんを交え、この辺りのおすすめのお店をたくさん教えてもらいつつ、楽しく飲ませてもらった。

「大国町に比べてこの辺りはお店がないんですよね。うちと近くのホルモン屋さんが唯一遅くまで看板を出してる感じで（笑）」と、福山さんが今宮の夜に明かりを灯し続けてくれることを願いつつ、駅へと歩いた。

取材を振り返って

取材の最後に寄った楽笑酒場で、店主の福山さんが「今宮と言えばあの店ですよ！」と教えてくれたのが「大城園」という焼肉店だった。家庭的な雰囲気で、それほど高くなく、でもお肉がとても美味しいそう。「この辺りの人は焼肉といえばみんなそこに行きます」と、そんな風に大事にされているお店らしかった。実は当初、本連載の編集担当・Mさんに「環状線めぐりが無事達成できたら最後にその大城園で打ち上げをしましょう！」と持ち掛けていたのだが、連載が本になろうとしている今も、その夢は叶っていない。こうなったら自分一人でその味を確かめに行くしかないなと思っている。あまり知られていない店らしいので、これは読んでくださっているみなさんへの耳寄り情報です。

玉造駅編

土俵のある公園を見て三光神社にお詣りして生ビールを飲む

天王寺区、中央区、東成区に隣接する便利な駅

「玉造」と書いて「たまつくり」と読むこの駅名は、この地がかつて「玉作部」の居住地だったことに由来しているという。玉作部とは、古代から装身具や祭祀用具として珍重されてきた勾玉（曲玉）を専門に製作していた大和朝廷の技能集団のこと。その居住地は日本各地に点在していたそうだが、現在の玉造駅周辺に「難波玉作部」と呼ばれる居住地があり、それが今も地名や駅名として残っているのだ。

大阪環状線の玉造駅（ちなみに2019年にリニューアル工事が完了した駅舎は、ひさしが勾玉の形にデザインされている）のすぐ近くには大阪メトロ長堀鶴見緑地線の玉造駅もある。

JR玉造駅の駅舎内にファストフード店やコンビニが入っていたり、「ビエラタウン玉造」という駅ビル内に様々な商業施設が並んでいたりと、駅周辺は賑やかな印象だ。駅の北側改札からほど近い場所にはおでんの名店「関東煮きくや」があり、当シリーズの前身である「スズキナオさんの立ち寄り酒場雑記」でも取材させてもらったことがあった。

後ろ髪を引かれつつきくやの店の前を後ろ髪を引かれつつ通り過ぎ、まずは駅の東側へと歩き出してみた。住宅が並ぶエリアを抜けて平野川を越え、国道308号線（奈良市まで通じている道路である）の大通り沿いを行くと、東成区役所が見えてきた。玉造駅は天王寺区に位置するのだが、東成区や中央区ともかなり近く、少し歩くだけで区をまたぐことになる。大阪メトロ千日前線の今里駅前にたどり着いたところで、一度玉造駅まで引き返すことにした。

古いアーケード街や真田幸村ゆかりの神社も

取材日は日差しがとても強かったので、できるだけ日陰を探しながら住宅街を歩いていくと、東成税務署の建物が見えてきた。すぐ近くには東小橋公園という公園があり、暑い昼下がりでも、子どもたちが遊んでいる姿が見えた。

園内には土俵があり、後で調べてみたところ、相撲部屋「伊勢ヶ濱部屋」の宿舎が近くにあり、部屋の寄付によって設けられたものなのだそう。大阪場所の開催期間には実際にここで朝稽古も行われるのだとか。

駅の南側にある「玉造日之出通南商店街」のアーケードを歩いてみることにした。真田幸村が築いた出城「真田丸」の跡地が近いことにちなんだ幟や、卓球やビリヤードが楽しめる「玉造日之出倶楽部」を眺めて歩くと、すぐにＪＲ鶴橋駅に近いエリアまでたどり着く。ＪＲ玉造からＪＲ鶴橋駅までは約１キロしかなく、のんびり歩いても10分ほどの距離である。

再び玉造駅方面へ引き返し、前述の真田丸が築かれた地・宰相山にある「三光神社」に立ち寄ってみることにした。毎年7月21日、22日にはこの神社で夏祭りが行われるそうで、周辺には屋台が並んで賑やかなのだとか。

神社近くにあるたこ焼き屋「ヒロちゃん」は店内でも食事ができるようなので寄っていくことにした。出汁のしっかり利いた、外側がカリッと焼かれたタイプのたこ焼きで、ソースとマヨネーズでいただいたのも、ポン酢でいただいたのも、どちらも美味しかった。

ちなみに、取材にいつも同行してくれている編集担当のMさんはかつて玉造駅近くに住んでいたことがあるそうなので、ビールで乾杯しつつ、街の印象について聞いてみることに。Mさんいわく、「玉造は新しい店と古い店がちょうどよく混ざっている街」だそう。

玉造の前は大阪市内の別の場所に住んでいたというMさんだが、「そっちは割と若い人たちが多くて、近くにあるのも新しい店ばかりだったんです。それが玉造に来たら全然違って、ふらっと行けるような落ち着く店が多くて、すごく居心地がよかった」と語る。「『森下仁丹』の本社があったりとか、大きな企業も多くて、働いている人も多いんです。街にいる人の層も幅広い印象ですね」とのこと。ちなみにMさんは「いもせ」というお蕎麦屋さんが好きで、近くに住んでいた頃はよく通っていたのだとか。

自転車に乗れば谷町六丁目（「空堀商店街」に近く、大阪メトロ谷町線・長堀鶴見緑地線の駅もあるエリア）まで10分もかからない距離で、買い物や食事をするのによく谷六方面へ出かけていたとMさんから聞き、あの辺りに近いのも魅力的だなと思った。

ここ、「ヒロちゃん」は創業から30年以上になるというお店で、三光神社のお祭りの際にはいつも屋台を出すのだそう。今年も屋台を出す予定だと聞いた。ちなみにMさんも玉造に住んでいた頃、お子さんを連れてその屋台でたこ焼きを買っていたとのことだった。

清水谷のあたりを歩きながら谷六方面へ

「昔よくこの辺を自転車で走っていました」と懐かしむMさんに道案内をお任せし、国道308号線の裏道を谷六方面へとのんびり歩く。玉造と谷六の間にある清水谷というエリアは閑静な住宅街で、交通の便もよく、住みやすい場所として若い方にも人気なのだそう。Mさんの知り合いも多く住んでいるとのことだった。

清水谷から谷六方面へ歩く道はところどころ上り坂になっていて、上町台地へと続く地形の変化を感じる。周囲の景色を眺めながら歩いていると、思った以上にすぐ空堀商店街のアーチが見えてきた。

来た道を少し引き返したあたりに、「ダイゴー リカーショップ」という店が見え、角打ちスタイルでお酒が飲めるようだったので寄ってみることにした。

もともとはシンプルな街の酒屋として営業していたこの店、先代が亡くなられた後、店を継いだ現店主が15年近く前に店内を改装し、飲食スペースを設けたのだそう。

「最初はカウンターだけでやって、生ビールと缶詰だけとかね。それが十何年やってるうちこんな感じになってもうて」と、店内を見回すとワインから日本酒から、多種多様なお酒のボトルが並んでいる。その時々の気まぐれで数種類のお酒が用意されているらしいのだが、自慢は丁寧に注ぐ生ビールとのこと。そのうまさはメーカーにも認められたものだという。

一杯いただいてみると、泡がまろやかで、ビールそのものはキリッとクリアな味わい。暑い中を長く散歩してきて本当によかったと思わせてくれる美味しさである。魚以外は手作りだという「鮎の甘露煮」をおつまみにしつつ、じっくり味わった。

生まれも育ちもこの近所だという店主によれば、玉造は「おもしろいお店のぎょうさんある場所」という印象だそう。「あのたこ焼き屋さんも長いねー！」と、先ほど行ってきたヒロちゃんのこともちろんご存知だった。

「ここは谷六に近いですけど、玉造もすぐやし、中間ぐらいですかね。どっちにでも行けます。住むにはいい場所ですわ。長堀通り（国道３０８号線）沿いも最近は若い人のお店ができて、賑やかやね」と聞かせてくれる店主とMさんが谷六や玉造周辺の地元トークを繰り広げているのを横で聞きながら生ビールを飲み、この辺で暮らすのもよさそうだなと、うらやましく思えてくるひとときだった。

取材を振り返って

玉造駅周辺にはなぜか惹かれるものがあり、よく通っている。以前、商店街近くの古い帽子屋の軒先に吊るされているベースボールキャップ（なんとも懐かしいデザインで味があった）を眺めていたら店主に話しかけられ、しばらく会話が続いた後でポツリと「この店ももうそろそろ閉めよう思てんねん。兄ちゃん、やらへんか？」と言われた。自分が帽子屋を営む未来なんて想像だにしなかったのでうろたえ、「ははは。いやいや」と受け流してしまったのだが、たまに「玉造で商売をしたらどんな人生になっていただろうな」と想像することがある。駅前の居酒屋「ねぎや」も大好きで、たまに行く。とぼけた雰囲気のマスターが、中島らもみたいでなんとも魅力的なのだ。

天王寺駅編

たこ焼きを食べて本を買って 裏路地のイタリアンバルへ行く

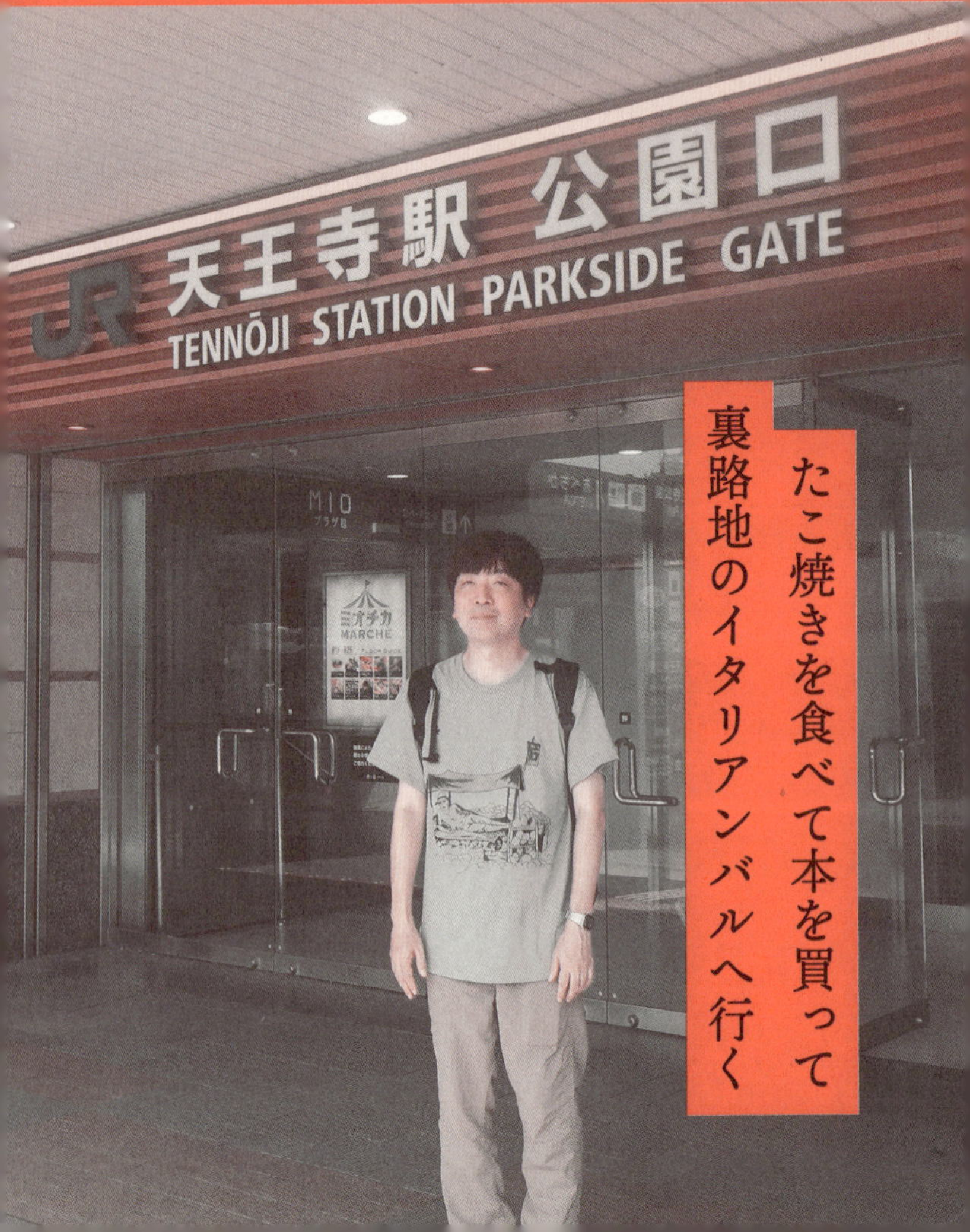

大阪市の南部を代表するターミナル駅

大阪環状線の各駅をめぐってきた当連載も今回で19駅目、ついにこれで全駅達成となる。駅の並び順と関係なく、毎回なんとなく「次は○○駅にしようかな」と決めて散策してきたのだが、最後に残ったのは天王寺駅だった。

ＪＲ天王寺駅には大阪環状線のほか、関西本線と阪和線が乗り入れ、奈良方面や和歌山方面へとつながっている。また、大阪メトロの御堂筋線、谷町線も通っているし、すぐ近くの大阪阿部野橋駅から近鉄電車に乗り換えることも可能。〝チン電〟の愛称で親しまれる路面電車、阪堺電車の停留所もある。

大阪市南部で最も大きなターミナル駅であり、超高層ビルの「あべのハルカス」や、駅ビルの「天王寺ミオ」、複合ショッピング施設の「あべのキューズモール」などが立ち並ぶ、梅田やなんばに次ぐ繁華街だ。

駅のすぐ北西側には天王寺公園が広がり、北側には駅名の由来にもなった四天王寺がある。また、駅周辺こそショッピング施設や飲食店が密集している印象だが、駅の東側や南側には住宅街が広がっている。

天王寺公園の芝生広場「てんしば」と阪和商店街を眺めて

まず、天王寺駅の公園口（北西側の出口）からすぐ見える位置に広がる天王寺公園へ歩いてみることにした。天王寺公園へは「あべちか」という地下街を通って行くこともできる。公園の広大な敷地には天王寺動物園や、現在は大規模な改修工事中で、2025年3月にリニューアルオープン予定の大阪市立美術館もある。

公園の南側は2015年に大規模な開発が行われ、「てんしば」と呼ばれる芝生スペースが作られた。その周囲にはカフェ・レストランやコンビニなどが並び、広い敷地を使って頻繁にイベントも開催されているので、休日などは多くの人で賑わっている印象だ。個人的には、公園に商業施設が増え過ぎて無料で過ごせるスペースが減ってしまうのは寂しいと感じるのだが、芝生は大好きなので「てんしば」へはたまに来る。気候の穏やかなときなど、駅からすぐの場所でピクニック気分を味わえるのは便利だ。

また、てんしばエリアこそ開発によってだいぶ整然とした印象だが、美術館付近や、北側の茶臼山（大坂冬の陣、夏の陣の舞台にもなった場所）まで足を伸ばすと、まだまだのどかな雰囲気が残っているように感じられる。

取材当日は夏の日差しが強く、てんしばの雰囲気だけをサッと眺めて引き返し、公園の東にある阪和商店街のアーケードへ向かった。昭和初期の雰囲気を今もそのまま残す商店街で、通り沿いには個人規模の飲食店が立ち並んでいる。その中には有名店も多く、穴場のグルメスポット〝裏天王寺〟としても広く知られる一角である。

天王寺駅を通り抜けた南側、阿倍野方面へ歩く

ＪＲ天王寺駅の構内を通り抜けるようにして南側へと歩いてみた。飲食店が並ぶ路地に「あべのたこやき やまちゃん 本店」の建物が見え、たこ焼きの出来上がりを待つお客さんの姿がある。大阪市内を中心に、東京にも支店を構える人気店だ。

今から20年以上も前になるが、学生時代、関西出身の友人に大阪を案内してもらったことがあり、その楽しいツアーの行程の中で、ここに連れてきてもらった記憶がある。「ベスト」と名付けられた、ソースやマヨネーズなど何もつけずにいただく食べ方が一番のおすすめだと聞いてそれを食べた。あれは衝撃的に美味しかった……。

そんなことをふと懐かしく思い出し、イートインスペースがあって本店からもほど近い「あべのたこやき やまちゃん2号店」でたこ焼きを食べて行くことにした。色々とあるたこ焼きの味付けの中から3種類が盛り合わせになった「渾身の三種盛り」をもらいつつ、編集担当のMさんと生ビールで乾杯。やまちゃんのたこ焼きは、中身がふわっとしていてやはり最高である。今まで食べたことのなかった「ごま油塩」も気に入った。取材時はちょうどキャンペーン中とのことで、屋号入りのオリジナルタオルをもらえて嬉しかった。

お店を出てさらに南側へ歩くと、徐々に住宅街らしい雰囲気になっていく。昔ながらの戸建て住宅とマンションとが混在するエリアを進み、私がかつて取材でお世話になった職人さんの工房があった跡地を眺めた。そこは、受注した広告などに手書きで文字を入れる「字書き職人」の松井頼男さんという方の工房で、残念ながらその松井さんはすでに亡くなってしまい、今は建物だけが残っている。しかし、そこからあべの筋の大通りに出ると、通り沿いに「ラーメン白樺」というラーメン店があり、今もその看板に松井さんの立派な文字を見ることができるのだ。

通りを挟んだ向こうにあるショッピングビル「あべのベルタ」を、ついでにのぞいて行くことにした。あべのベルタは1987年に開業した17階建てのビルで、地下フロアや地上1～3階にスーパーやドラッグストア、飲食店などが入っている。また、地下フロアはそのまま、大阪メトロ谷町線・阿倍野駅と直結している。

私はこのビルの、少し年季が感じられる雰囲気が大好きで、近くに来ると立ち寄るようにしている。地下に入っている豆腐店「まるしん豆冨店」の濃厚な豆乳を飲み、「書肆七味」という古書店を眺める。「書肆七味」は、本棚の各コーナーを個人や古書店が借りて自分のセレクトした本を販売する〝棚貸し〟スタイルの書店で、コーナーごとに並んでいる本の方向性が違って楽しいのだ。そこで本を買い、あべのベルタのどこか懐かしい雰囲気を堪能して再び外へ出た。

〝阿倍野の小さなヴェネツィア〟でスパークリングワインを

もう一度あべの筋を渡って東側へ。路地で見つけた「BACARO」という小さなバルに入ってみることにした。このお店は２０２２年の年末にオープンしたそうで、イタリア出身のダラ・モラ・アレッサンドラさんが店主として切り盛りしている。常連さんには「アレさん」と呼ばれていて「これ、それ、あれの〝アレ〟。阪神タイガースの〝アレ〟。覚えやすいでしょ」と自己紹介してくれた。

「BACARO（バカロ）」とは、ヴェネツィアにあるローカルな雰囲気の立ち飲み店を意味する言葉で、「チッケッティ」と呼ばれる、カナッペなどのちょっとした惣菜をつまみながらワインを味わうのが現地のスタイルだそう。アレさんが自分で作業を手伝い、内装も現地のお店に近づけたそうだ。生ビールのかわりに、樽生スパークリングが飲めるのがこの店の売りだと聞き、それをいただくことにした。

日本語に興味を持ち、５年半ほど前に日本に来たというアレさん。日本のどの街で暮らそうかと迷った際に、「東京も有名だし、もともと地元が海に近かったから横浜もいいかなと思ったけど、大阪の雰囲気がイタリアに近いって聞いて」と、それで大阪を選んだのだとか。

「でもそれは間違いなかった。大阪はイタリア人にすごく合う」と、我々がオーダーした生ハムをスライスしながらアレさんは語ってくれた。「料理も美味しいし、一番大きいのは物価が安いことですね。住みやすい。阿倍野は路地にお店も増えてきたし、でも天王寺よりちょっと静か」と、大阪の印象も、阿倍野の印象も良いそうで、それをなんだかうれしく思った。

私が着ていたイラスト入りのTシャツを見て「それ、つげ義春ですか？『無能の人』？」と気づいてくれたアレさんは日本のアニメや漫画がお好きだそうで、「これ、初恋の人！」と腕に入ったドラゴンボールのベジータのタトゥーを見せてくれた。

気さくなアレさんとの会話を楽しみながらのんびり飲める店で、すごくいい出会いだった。「また来ます」と外へ出て、店の前にあるアレさんの等身大パネルと一緒に記念撮影をした。ちなみにこのパネル、アレさんが故郷のイタリアに2週間ほど帰った際、別の方にお店を任せている間、常連さんが来ても寂しくないように、と作ったものだそう。

大阪環状線の駅のどれかをその日の気分で選んで歩くだけで、いつも思いがけない体験ができたこのシリーズ。「大阪と言えば〇〇だ」と、全部ひっくるめて一面的に語られがちな大阪の街々が、実は知れば知るほどに固有の歴史や特色を持っているという当たり前のことを自分の足で確かめることができた。一駅隣に行くだけで、駅前の印象がガラッと変わったりする。また、私が感じた印象はたまたま、その時だけのものので、時の流れとともに刻一刻と変化していくだろう。

取材を始める前は「全部で19駅か。割とあっという間じゃないだろうか」と思ったりもしたものだが、取材を終えた今、この散策には終わりがないことを知った。環状線をぐるぐる回りながら、自分の知らない大阪を知り、そしてまた大阪が魅力的に思えてくる。こんな楽しみに終わりがないなんて、それは素晴らしいことじゃないか。

取材を振り返って

最終回となった天王寺駅編。大阪駅編と同じように、選択肢があまりに多すぎるのも逆に困るもので、「どっちに向かって歩きましょうねー」と、Mさんと途方に暮れながら歩いた記憶がある。それでも、いつも不思議となんとかなってきたのがこのシリーズで、最後にたどり着いたBACAROの店主・アレさんが色々とお話を聞かせてくれた後に、Mさんが「この取材、本当に運に恵まれてますよね」と言っていたのを覚えている。

文中に書いた「ラーメン白樺」は、看板の文字も素敵なのだが、ラーメンの味もすごく好きだ。深く優しい甘みを感じる味噌ラーメンのあのスープのことを思い出したら、今、急にすごく恋しくなってきた。

ToFu

大阪 環状線
降りて歩いて飲んでみた
串かつ
カラオケ
スケラッコが スズキナオさんと
スズキナオさん
インセクツ 松村さん
やってきました
JR 新今宮駅
早く着いちゃった
散歩しよう
これが、うわさの
めっちゃ駅前にあるんだな…
お酒のんでる人いる
路上で生活する人もいるし
インバウンドの人も多い
この街はこの先どうなっていくんだろ？という気持ち

おふたりと合流します
よろしくお願いします
ここらへんあんまり来たことないです
あ!
激安
アジアのスーパー
寄りましょうか?
気になる…
サーッ
探していたものがありました!
ベトナム揚げ春巻の皮(アミアミのタイプ)
BÁNH TRÁNG RẾ
如意
ナオさんはラーメンを
なんか気になった麺
鮮拉面
これも買いました
トランプ!
後で遊ぶかもしれないでしょ

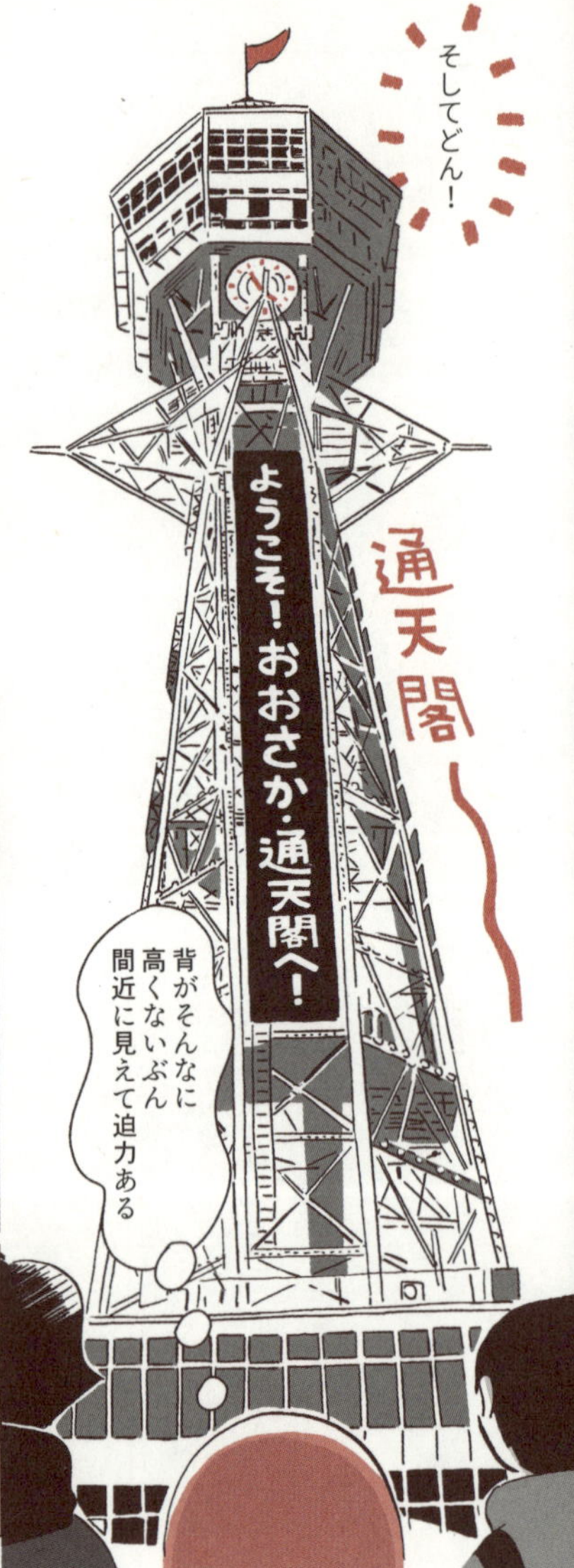
そしてどん！
通天閣〜
ようこそ！おおさか・通天閣へ！
背がそんなに高くないぶん間近に見えて迫力ある

すごい人ですね〜
前来た時より増えてますね
あの時はマスクの人が多くて
そんで…串かつ屋さんだらけですね！
名物串かつ
元祖串かつ
本場の串かつ
牛かつ
豚バラ
串かつ
昔は数店舗だったんですけどね
一日に何本消費されるんでしょう
そしてちょっと食べたい気がしている
でも今日はちがう気がする
みなさんは串かつ、何が好きですか？
?
私が好きな串かつはマンガの最後で…
どうでもいい

新世界市場屋台街にやってきました
SHINSEKAI MARKET
新世界市場
COFFEE
細い商店街、雰囲気あります
旅行してるみたい
「スタンドらんらん」で一杯やります
スタンド
らんらん
営業中
おでんセット
常連さんが集う感じでもあるし
観光の人もいる
ホルモン焼きうどんめっちゃおいしそう
お隣の「権兵衛」さんから出前できるそう
ちなみに、募集中の屋台もありました
出店募集中
誰かやらないかしら…
お次は動物園前商店街に
カラオケ居酒屋!?いっぱいある!
カラオケ居酒屋 100円
カラオケ
歌える居酒屋
今てんしばになってる場所って、昔はみんな青空カラオケしてて
その流れでこういうお店が多いみたいですよ

お客さんがつめて席を空けてくださいました
酒房 ぶんぷく
ナオさんおすすめのお店にやってきました
コの字カウンターがいい感じ
ひとりひとりにお膳がある
これもいい感じ
3人そろって夕やけセットを
生中に小鉢がつきます
それぞれ選んでシェアしました
オカンのマーボー豆腐
オカンのポテサラ
なすとししとう麦みそ
なんでも頼みましょう
お造里三種盛り
生ガキ
玉ねぎ天って?
淡路のです これ
それももらいましょう
全部おいしい
フワフワだ〜…

ぶんぷくのお客さんにカラオケ居酒屋を紹介してもらいました
歌えて楽しい居酒屋
小百合
明るくサバサバしたスタッフさん
優しくてきさくなママ
何うたおう…
知らない人の前で歌うことってまずないけど
歌っちゃう
ステ〜〜ウィ〜〜ズミ〜〜
みなさん歌がとてもお上手…
歌い慣れてらっしゃる感じ
この日、お客さんは男性が多め
普段のカラオケでは聴く機会のない曲ばかりで新鮮
中国の歌も!
おでんをつまみます
カシャ
楽しかった〜
店の前で記念撮影
そして調子にのった人は
もう一軒行きませんか?
ムニャララ
ムニャ〜〜

最後はこちらへ
中華料理 香港
あったかい…
ゆげ…
ふわふわ…
夜の街…
つうてんかく…
キラキラ
キラキラ…
翌日
はしゃぎすぎた…
ごめんなさい…
最後の記憶が…
あんまない…
取材なのに…
またやってしまった…
というわけで…
記憶をとりもどすべく、
また
やってきました

行ってみたかったお店で立ち飲み
ありがとうございます
イワシ造り
脂のってる~
ホルモン煮
フワ(肺)かな?
生ガキ大好き!
おいしい
おいし~
ここも気になってた!
淀乃
吟酔
酒の穴
串カ
酒の穴
行こう
マグロ煮串カツ
甘辛味のマグロ煮がホロリ!
八宝菜
おつまみになる!
シチューみたいでもある
絶品です!
ちなみに
好きな串カツは
キス
でした~
串がささってない! 斬新!
そして再び
中華料理
香港
何食べたい気分?
餃子とか…
「揚げ」もできるよ? おいしいよ
やさしい…
やっぱり最高においしかった記憶をとりもどした!
野菜炒め
揚げギョーザ
焼ビーフン
うま~い
雨の通天閣もキラキラしていました
HITACHI
welcome to Osaka TSUTENKAKU

スズキナオ

1979年東京生まれ、大阪在住のフリーライター。WEBサイト『デイリーポータルZ』を中心に執筆中。著書に『深夜高速バスに100回ぐらい乗ってわかったこと』、『家から5分の旅館に泊まる』、『思い出せない思い出たちが僕らを家族にしてくれる』、『「それから」の大阪』など。パリッコとの共著に『ご自由にお持ちくださいを見つけるまで家に帰れない一日』、『椅子さえあればどこでも酒場 チェアリング入門』、『〝よむ〟お酒』、『酒の穴』などがある。

掲載店マップは
こちら

大阪環状線 降りて歩いて飲んでみる

2025年2月26日 初版発行

著者 スズキナオ
編集 松村貴樹
ブックデザイン 仲村健太郎
本文組版 山田美法
カバーイラストレーション スケラッコ
発行人 松村貴樹
発行所 LLCインセクツ
550-0003
大阪市西区京町堀2-3-1
パークビュー京町堀202
06・6773・9881

印刷・製本 シナノ印刷株式会社

乱丁・落丁はお取り返しますので、発行所までご連絡ください。
ただし、古書店で購入したものにつきましてはお取り替えできません。
本書の無断複写・転載・引用を禁じます。

本書では公式表記であるOsaka Metroは使用せず、大阪メトロで統一しています。

© IN/SECTS Publishing 2024
© Nao Suzuki

ISBN 978-4-907932-29-9 C0026

20th IN/SECTS